This Book Offers Free Bonus Puzzles
Available Here:

BestActivityBooks.com/WSBONUS20

5 TIPS TO START!

1) HOW TO SOLVE

The Puzzles are in a Classic Format:

- Words are hidden without breaks (no spaces, dashes, ...)
- Orientation: Forward & Backward, Up & Down or in Diagonal (can be in both directions)
- Words can overlap or cross each other

2) LEVEL UP THE GAME!

A space is provided next to each word to write new ones, translations or notes. We also offer a convenient **NOTEBOOK** at the end of this edition. It can help you organize your annotations, new words and/or observations.

3) TAG YOUR WORDS

Have you tried using a tag system? For example, you could mark the words which have been difficult to find with a cross, the ones you loved with a star, new words with a triangle, rare words with a diamond and so on...

4) EASY TO CUT!

The Puzzles come with an Extra Large margin to easily cut the page out of the book. Some people may feel it more convenient to solve them this way.

5) FINISHED?

Go to the bonus section: **MONSTER CHALLENGE** to find a free game offered at the end of this edition!

Want **more fun** and activities to **relax? It's Fast and Simple!** An entire Game Book Collection **just one click away!**

Find your next challenge at:

BestActivityBooks.com/MyNextWordSearch

Ready, Set... Go!

Did you know there are around 7,000 different languages in the world? Words are precious.

We love languages and have been working hard to make the highest quality books for you. Our ingredients?

One part easy-to-read print, three parts entertainment, then we add some challenging words and a pinch of rare ones. We brew them with care to serve you lots of fun and an opportunity to solve the best puzzles.

Your feedback is essential. You can be an active participant in the success of this book by leaving us a review. Tell us what you liked most in this edition!

Here is a short link which will take you to your Amazon orders review page.

BestBooksActivity.com/Review50

Thanks for your fidelity and enjoy the Game!

Delta Classics Team

Puzzle 1

```
A P P G W I G M A I W Ł Ó Ż P
X T M O E S E E C Ż Ą I S K I
J U T Y D E E Ś U Z H X Z S Z
B K R Z G Z O T R H N H N Y Z
K J T C P W I J I S J E A Ł Ę
R A Z P I Y N A L D Y M Ł O T
W R V L X A V R Ł N J L A P R
X P Ż E I W A R P V R V S V E
B O P I Z A C H O W A N I E N
M T W G P O U Y B O A W L U E
K L U A M R I F Q J K F G N R
Q L B Ż D Y C K U O J B U O G
P R Z Y S T A N E K C A Q H A
Z A A K C E P T O W A Ć K I X
```

MYDLANY
ZACHOWANIE
KSIĄŻCE
PRZYSTANEK
ŻAGIEL
ZAAKCEPTOWAĆ
CZY
ŻÓŁWIA
JAK
LISA

RAZ
ZNAŁA
MOŻLIWOŚCI
FIRMA
EDYTUJ
PIZZĘ
PRAWIE
POŁYSK
PODZIAŁ
TRENER

Puzzle 2

```
N M G O T L V Q N T J O W N S
R O Z P O S T A R C I E I A M
Z T R P J G C S Q Z W D E G A
H A N X O Y T Ę W M Z I R R K
V T B W K M K I M J A U N O O
Z E Y A T N U M E T N H Y D W
G M R Y W Z J N Y W N C N A E
O J U A P N E I C Ę L K A Z M
Ż T K C D A Y N A D X R P G O
E Y Z A M Ó W I E N I A I G T
H V W P O P R O S I Ć G Ę X Y
R G P Y F I Z Y C Z N A T Z L
O S T R Z E Ż E N I E G A K A
W Y M A G A J Ą B L A S K H U
```

NAGRODA
WIERNY
MOTYLA
TEMU
WYMAGAJĄ
OSTRZEŻENIE
ŻYWY
BLASK
SMAKOWE
FIZYCZNA

ROZPOSTARCIE
ZAKLĘCIE
ZABAWNY
NAPIĘTA
ZAMÓWIENIA
POPROSIĆ
KOJOT
MIĘSA
DANY
NAZWIJ

Puzzle 3

```
K P P A K K I N D A Ł K S G H
I R X S X M C H O K R O W Y F
E Z L H Ł F V Y S E T S W D Ć
D Y B O Ł G O M T N I I O A A
Y J D P Ś U F E Ę Y P M K J W
K A G R C T G X P R N E W C O
O C X O I G W Y N I Z M Y A D
L I T C E P Z K E C D E B T Y
W E P E Ż Z B M Z K Z D O I C
I L A D K E A S Q Y I I R W E
E S Z U Ę N M I M O E A C A D
K K Y R A H D O Y K C L Z R Z
I I F A R G O E G P K N Y G K
U S Z C Z E L K A Z U A U V G
```

MŁODA
GEOGRAFII
MIMO
ŚCIEŻKĘ
RYNEK
ZDECYDOWAĆ
KROWY
KIEDYKOLWIEK
DOMNIEMANA
SZCZEKAĆ

GRAWITACJA
PROCEDURA
SKŁADNIK
WYBORCZY
MEDIALNA
DOSTĘPNE
PRZYJACIELSKI
MOGŁOBY
DZIECKU
USZCZELKA

Puzzle 4

```
A H Z A T O P I Ć A B O Z E N
Y C R I S J K I Ś U Y S B Y F
B A S E B A L L O T C T T U R
B L O K F V A C M O I A X M O
V O K D O U Y M A M E T D F S
J R A D D X B V S O K N M J N
M U L N V Z D S Ż B E I R N Ą
O I D Z N E I Y O I B O S S O
L E N I W E C E T L O T X B G
C S G U M K I B L E D Y Y J W
P Ę B S B Ć A K I N U R P O A
Ś W S Z Y S T K O Ł Y B C I H
C G X G C H O R O B A K E A A
O D Z Y S K I W A N I A G V T
```

OSTATNIO	BASEBALL
ODZYSKIWANIA	GĘŚ
WSZYSTKO	ROSNĄ
GUMKI	CHOROBA
ODDZIELNY	RYB
BYŁO	UNIKAĆ
DAR	TOŻSAMOŚĆ
BYCIE	ROLACH
AUTOMOBILE	LENIWE
WAHA	ZATOPIĆ

Puzzle 5

```
F  Ś  H  K  I  N  A  H  C  E  M  U  O  P  Y
P  I  W  X  L  R  J  P  J  B  B  D  D  K  N
S  A  V  I  T  J  C  O  B  A  P  E  B  M  B
Y  D  R  S  T  B  K  K  A  N  W  R  Y  K  Ó
I  V  O  T  N  U  U  R  R  Y  I  Z  Ł  A  R
E  I  I  C  I  U  R  Y  D  H  X  E  A  T  P
S  S  C  V  Q  I  T  W  Z  Z  K  N  Z  E  O
C  H  Ę  T  N  Y  S  A  O  P  P  I  N  G  D
Ć  A  W  O  K  I  N  U  M  O  K  E  W  O  A
G  X  R  A  Ń  E  I  Z  D  Y  T  K  U  R  T
O  D  W  R  Ó  C  O  N  Y  N  E  H  J  I  K
N  I  E  W  Ł  A  Ś  C  I  W  E  P  E  I  O
W  Y  T  Ł  U  M  A  C  Z  Y  Ć  J  K  X  W
Q  L  X  M  C  G  E  N  T  L  E  M  A  N  Ą
```

PODATKOWĄ
UDERZENIE
INSTRUKCJA
WYTŁUMACZYĆ
MECHANIK
ODBYŁA
GENTLEMAN
CHĘTNY
BARDZO
PARTII

ŚWITU
KATEGORII
WUJEK
TYDZIEŃ
POKRYWA
SIOSTRA
NIEWŁAŚCIWE
KOMUNIKOWAĆ
ODWRÓCONY
PRÓBNY

Puzzle 6

```
U H L G K T E L E F O N Ó W X
P B E V P N A Ś L A D O W A Ć
D F E X U N G T T A L E N T X
F X K I S O K C E I Z D G E K
U X R U T F U P A Z N O K C I
P C K C Y V R Z A K U P I E D
T O Z S N Y T R O P S A J M I
N Y N E I E Y S A R P H Q C D
K M T I S K N S U G E R U J Ą
Q D U U E T A M O R A L N Y W
H Ó R H Ł W N P O P R A W I Ć
L I E M A R A I M O P G W M G
U S V U S I B Ż K Z A J M I J
R E S T A U R A C J A L Z M X
```

NAŚLADOWAĆ   TYTUŁ
MORALNY   TALENT
KURTYNA   PRASY
SPORT   RESTAURACJA
SIÓDMY   SUGERUJĄ
PAZNOKCI   POMIAR
ZAJMIJ   ZAKUPIE
TELEFONÓW   PONIEWAŻ
POPRAWIĆ   DZIECKO
UCZESTNIK   PUSTYNI

Puzzle 7

```
R  J  K  O  S  S  Z  U  F  L  A  D  A  P  Y
D  X  O  V  Ą  N  A  D  Z  I  E  J  A  A  N
O  C  U  S  D  U  W  I  E  R  Z  B  A  S  L
P  R  Z  E  B  I  Ś  N  I  E  G  I  Q  A  A
K  O  M  A  R  C  J  Z  C  Ż  K  Y  F  K  J
C  J  H  F  U  Y  V  Z  D  O  O  B  W  Z  C
Z  R  Z  Q  A  Ż  O  Y  K  M  Q  Ó  G  W  E
E  I  A  Z  K  I  T  R  N  Q  D  Y  V  Y  P
K  L  I  I  X  L  A  U  Y  O  L  O  K  K  S
O  M  P  O  O  D  M  A  L  J  Z  M  E  Ł  P
M  T  D  Z  Z  D  A  Q  B  L  N  D  W  Y  Q
R  H  Ć  I  L  Y  M  Y  S  T  Ó  Ł  U  K  R
S  I  E  D  L  I  S  K  O  V  Q  Q  W  N  A
E  Ż  M  D  B  U  D  O  W  O  D  N  I  Ć  Z
```

MAMA	PRZEBIŚNIEGI
STÓŁ	SPECJALNY
WIERZBA	NADZIEJA
ZNUDZONY	MYLIĆ
ZWYKŁY	SĄD
LODÓWKA	KRADZIEŻ
MOŻE	CZEK
SIEDLISKO	KOMAR
PASA	UDOWODNIĆ
ŻYCIU	SZUFLADA

Puzzle 8

```
E  F  U  H  L  Ó  D  K  L  I  T  W  I  T  Z
O  S  O  B  Y  X  I  L  O  O  G  D  Z  E  A
E  I  N  L  A  M  R  O  F  G  W  Ł  O  N  M
D  Y  Ń  E  Z  S  E  I  K  L  R  V  A  D  I
Z  N  Z  P  U  F  C  I  N  A  F  E  D  E  E
U  N  I  T  T  E  S  A  Ł  A  T  A  A  N  R
P  I  E  P  R  Z  X  I  A  T  T  C  K  C  Z
O  G  Z  R  O  H  J  N  A  P  M  P  O  J  A
L  R  C  L  P  S  W  I  E  L  E  I  L  Ę  J
R  A  J  W  S  I  K  J  W  S  J  G  B  V  Ą
U  R  O  E  N  K  O  R  S  A  D  B  E  Z  K
C  N  J  F  A  D  Q  W  Ę  V  C  E  V  J  N
Z  O  P  W  R  A  F  O  R  T  S  A  T  A  K
D  M  L  N  T  L  H  K  M  H  U  O  M  X  U
```

ZAMIERZAJĄ	BLOKADA
OSOBY	KATASTROFA
WIELE	NIC
OFICER	LÓD
TENDENCJĘ	PIEPRZ
IGŁA	KIESZEŃ
INNY	SAŁATA
TRANSPORTU	OJCZE
BEZ	SKRĘTU
FORMALNIE	URLOPU

Puzzle 9

```
R  P  A  J  Ą  K  S  T  A  T  E  K  E  B  A
H  O  S  W  I  Ę  Z  I  E  N  I  E  X  K  K
O  Z  W  I  N  O  Ż  Y  C  Z  K  I  Ż  P  Y
N  O  K  E  L  A  D  P  Z  Q  X  E  W  R  T
O  R  N  H  R  N  O  G  L  A  I  I  Y  Z  K
R  J  H  K  V  O  I  V  A  N  Z  N  C  Y  A
O  X  G  C  K  W  W  K  Ś  W  I  A  O  S  R
W  E  L  T  U  P  J  E  Z  B  J  D  F  Z  P
O  K  O  N  I  E  C  N  J  O  B  A  A  Ł  A
Ć  A  M  Y  Z  R  T  U  N  G  A  B  N  A  V
G  R  U  P  Y  A  C  C  Z  A  B  M  I  V  H
X  X  T  N  Q  N  Y  A  T  T  C  O  A  E  D
Q  X  F  C  U  P  M  Z  B  Y  I  W  Z  Ó  R
N  U  R  C  B  Z  G  S  W  A  A  V  X  A  L
```

WZÓR	SILNIK
STATEK	DALEKO
PAJĄK	UTRZYMAĆ
GRUPY	BOGATY
WIĘZIENIE	ROWEROWEJ
PRZYSZŁA	PRAKTYKA
BABCIA	SZACUNEK
HONOROWO	ŚNIEŻKA
NOŻYCZKI	KONIEC
BADANIE	WYCOFANIA

Puzzle 10

```
O C O M E Z R P R L I R M A N
Z Z E Z R P O P A O R B O O D
A A F A Z S F D K M Z P A A L
O J Z E V E M O O A Y M D R R
S N W O Y Q M S Y K U O O O J
Z I A U L I O Y E E M M K W W
C K N A T G E H W I D H H T Y
Z U Y E I C Ś A N E D E J O N
Ę Z T Ł I Z D U B O B I A P N
D N A P A D J V L T C X J K E
Z Z X A B Ą X H S G E U K S C
I R E T C O D M I A N A A L N
Ć B H E R E G U L A C J A U X
I H J P O D S U M O W A Ć B N
```

MAKE
JEDENAŚCIE
POPRZEZ
ODMIANA
OBUDZIŁ
PODSUMOWAĆ
REGULACJA
ZAOSZCZĘDZIĆ
JAJKA
SZAFA

ETAP
CZAJNIK
POTWORA
CENNY
DOMINUJĄCEJ
ZWANY
PRZEMOC
NAPAD
ROZMOWY
KOMITET

Puzzle 11

```
M Q F U G K N D U R R V F W N
U Y V A E P O Ó R B O L G S A
M S L R W O S W J F Z V Y P D
I E Ó E Y W B I K W T O Ó A
A G A I Ż I K O U P I V S Ł W
O V P R U N E O D F N D F C A
H S E A T N Z J S W Ą S V Z N
L T W K Y A C V U Y Ć A X U I
S K O M P L I K O W A N E C A
C U L G O R N S P A R N R I L
Z C E Z P L W U E B W E G E R
U Q O M E R O C W A D I N B M
W S C H Ó D Ł H N C Z M A E S
F W X P B D S Y A I M Z F M D
```

DENERWUJE	PIWO
WSCHÓD	ŻYWE
SUCHY	OBWÓD
ROZWINĄĆ	NOS
ZMIENNA	POWINNA
OGÓREK	MUMIA
KARIERA	SKOMPLIKOWANE
SŁOWNICZEK	WSPÓŁCZUCIE
POPYTU	PEWNA
GLOB	NADAWANIA

Puzzle 12

```
D U H E N A P O Ż A R U Z Q I
U Y O N B O W H P Ć N H D N N
C Q X Z V E W Ą J A D Y W A F
H V C C Z P Q O N M Y A Y W O
M I C E Z R T W C Y O E R E R
L G N I A Z D O P Z J B O T M
Y U T N U Z D M U R E G I L A
J X C O V Ó E C N T R S Y E C
A D J K Z N P L K D B W N V J
Z H B R R U C H T O E B T E E
D A P R A K T Y Ł P Q F O M S
A A F I N A N S O W Y F M V D
N A P O Ł Ą C Z E N I E A F I
S S Z K I E L E T H F Q S W E
```

PUNKT	SZKIELET
FINANSOWY	SAMOTNY
PODTRZYMAĆ	RUCH
KONIECZNE	JAZDA
DUCH	INFORMACJE
TRZECI	NOWOCZESNE
LICZBA	PŁYTKA
WYDAJĄ	POŻARU
POŁĄCZENIE	NAPRZÓD
GNIAZDO	NAWET

Puzzle 13

```
W  R  Ó  Ż  N  I  C  A  H  I  A  I  H  H  P
I  Ś  N  E  N  D  Ę  B  Z  E  I  N  O  W  I
P  G  R  B  P  S  U  S  Z  O  N  E  S  E  S
N  R  K  Ó  Y  U  R  M  S  M  A  I  T  N  T
Z  L  S  N  D  B  M  U  G  O  N  N  A  P  O
X  E  Y  B  B  O  H  C  R  T  O  A  D  O  L
N  K  B  Y  F  T  R  O  E  E  K  D  K  J  E
Q  U  N  C  D  U  S  M  A  L  Y  Q  R  A  T
I  C  Ć  I  Z  A  R  B  O  Y  W  S  A  W  E
T  C  R  U  W  N  E  V  Q  V  Z  V  J  I  C
O  G  Z  K  D  X  C  U  M  Y  T  F  O  A  A
G  M  W  Y  M  A  K  S  I  M  U  M  W  Ć  F
S  A  N  K  I  A  W  I  F  M  V  L  Y  E  D
C  L  J  R  X  W  C  K  I  E  R  U  N  E  K
```

KIERUNEK	ROSA
MAKSIMUM	POJAWIAĆ
PISTOLET	HOSTA
SZYI	WYKONANIA
MOTEL	SUSZONE
RÓŻNICA	AUTOBUS
SANKI	KRAJOWY
WŚRÓD	FACET
WYOBRAZIĆ	NIEZBĘDNE
HOBBY	DANIE

Puzzle 14

```
U L K A P E L U S Z P Z K R Z
H R I C E T B L Z K O M S Ą A
L R U C Q G U B P T S P I C K
A U Z C Z S U Ł T D Z A C Z W
T K V X H Y O J G E U R H K A
A Ę Y E K O Ć U I V K T O A L
J I U F N S M N U R I I M T I
Ą W P W A N E I H S W A I A F
C Ź E Q M L F Y O C A N K T I
Y D E Q E F M C C N Ć M A D K
O J P J K U R A E I Y Y U Z O
S T R O N Y G R E N D O G Y W
S Z Y B K I E P R T D Y M C A
P O S T Ę P O W A N I A L S Ć
```

POSTĘPOWANIA	POSZUKIWAĆ
TŁUSZCZU	ZAKWALIFIKOWAĆ
CHOMIKA	RĄCZKA
KAPELUSZ	PRACY
LATAJĄCY	URUCHOMIONY
TATA	SZYBKIE
WYGODNE	STRONY
LICZYĆ	DŹWIĘKU
KURA	JELENIE
PARTIA	SMOK

Puzzle 15

```
S D F Y Z S T A G O B J A N Y
U I W O Ł O B E I C Ś J E Z A
K Ę V V P O C I A H F L G D
K Y H S C Z N F C V T Z W O O
B E Z S E N S O W N E A Q S R
Y N A J B A R D Z I E J K A G
C R P H T B Z M I P P Q F D A
Ą Q E Y M A Z C W W W F I N Z
R E K R E A C Y J N Y G C I F
O D K A I N E Z C Z S A T C X
G F U C P Z M S E N S R I Y W
O B J Ę T O Ś Ć F K I D O F D
A H Z A P O B I E C J E N G I
T C V I O S Z U K A Ć N R C Y
```

NAJBOGATSZY   ZAGRODA

FICTION   JEGO

MECZ   REKREACYJNY

SZCZENIAK   OSZUKAĆ

OBJĘTOŚĆ   GORĄCY

BEZSENSOWNE   SIĘ

ZEJŚCIE   ZAPOBIEC

OŁOWIU   SENS

NAJBARDZIEJ   GARDEN

OSADNICY   ATAK

Puzzle 16

```
Z N P L O J M M V M Ć P P X G
T I Y A G G R W B A K I L F M
Z E S T D S Y N Z Y E T X O M
A N Z A D J V A Z R O T Y A Y
G A N W Z O K R O P A D A M I
R W Y C H A K B W I D Z I A Ł
O I D A Z L A O G E I G O R D
Ż Ś R B H Y B D T O O L I V J
E Ć D Z I A D E K A U V V K P
N O Z E S P Y I J G M U G S A
I O S I Ą G N I Ę T E G O H F
E I S E T O N Z A P E W N I Ć
N I E S P O D Z I A N K A S X
N W Y K R Y Ć Ś E I N Y Z R P
```

ZAGROŻENIE	PRZYNIEŚĆ
DZIADEK	NIENAWIŚĆ
OSIĄGNIĘTEGO	SYN
DOBRA	TAM
PYSZNY	WIDZIAŁ
NIESPODZIANKA	NOTESIE
SEZON	ZAKAZAĆ
LATAWCA	ZAPEWNIĆ
DROGIEGO	OPADAMI
KRZYK	WYKRYĆ

Puzzle 17

```
D T B P H Z Y Ć E G H F C W Z
Z R D O W A T I M O K A N Z P
I Ó I Ł E W Ę C M A A J Z F W
E W F U I O J E E S R A S W T
C N N D N Z A L L F B W S X T
I I G N E A Z O T C P P F P R
O E P I Z B A P E I N D O P S
M Ż I O D D F Y S C I E Ń A A
I J H W O M A A M G F Q L F P
I H G Y H I R N T U W U Z G F
D J P J C Z Y N S Z B A L B O
U T Q E O P Ż V P E J A Z D Y
B S O J D G Y S C Z W Y K L E
P N G N R K W Ł A D Z A V I X
```

CZYNSZ   CIEŃ
ZWYKLE   JAZDY
SPODNIE   RÓWNIEŻ
WŁADZA   ALBO
BRAK   POLECIĆ
BAZOWA   ĆMA
ZAJĘTY   PISARZ
DOCHODZENIE   CEBULA
ŻYRAFA   POŁUDNIOWY
ZNAKOMITA   DZIECIOM

Puzzle 18

```
N P R T A N E C S E A N Y F T
Ć A T S F W Z M X K F U F Q U
W L O V O M B J Z M U E E I L
E E T S C X M S W P M C K P I
J C O W A A U J E Ś Ć Y Y T P
B Ł T O R R L V P P O T D N A
G J W P T C I E S Z Ę I N I N
B L M E M I N B J I P L I E U
A K I N L O R V I T D O G Z W
L P D O K Ł A D N Y F P O W W
U Ł A S K A W I E N I E N Y T
Ł A T W O Ś Ć K R Y Z Y S K V
P R Z E C I Ę T N E G O N L T
S U R O D Z I N Y N S A Z E O
```

GŁOSOWE	UŁASKAWIENIE
PALEC	ROLNIKA
STAĆ	PIETRUSZKA
ŁATWOŚĆ	NOGI
SCENA	DOKŁADNY
PRZECIĘTNEGO	CIESZĘ
EFEKT	URODZINY
INDYK	POLITYCE
NIEZWYKLE	JEŚĆ
KRYZYS	TULIPAN

Puzzle 19

```
F  A  Ł  S  Z  Y  W  A  S  Ż  E  A  R  E  P
I  Ń  U  T  B  P  M  U  U  L  O  I  O  I  P
Q  E  Z  J  O  Y  U  V  K  R  Q  N  H  N  J
H  Z  V  Y  D  S  Q  W  C  J  Z  I  A  O  P
E  R  Y  Ł  A  C  B  H  E  I  N  K  D  T  F
S  T  O  D  O  Ł  A  B  S  M  X  S  G  S  Y
P  S  K  R  Ą  Ż  Y  Ć  A  H  W  A  U  S  Ł
O  E  V  V  N  D  B  G  G  Ł  N  J  J  C  G
P  Z  P  O  Ś  P  I  E  C  H  W  Q  G  Y  Ą
R  R  K  A  M  P  A  N  I  I  B  A  Z  T  R
A  P  T  O  R  N  I  S  T  E  R  U  N  R  K
W  J  D  W  A  D  Z  I  E  Ś  C  I  A  Y  O
N  C  A  P  Y  Y  B  O  U  A  L  Y  C  N  K
Y  O  J  E  S  C  A  P  E  U  K  P  F  A  N
```

ESCAPE	MYDŁO
FAŁSZYWA	NIE
KAMPANII	OKRĄGŁY
BAŁWAN	ŻONATY
POPRAWNY	STODOŁA
JASKINIA	POŚPIECH
PRZESTRZEŃ	CYTRYNA
TORNISTER	DWADZIEŚCIA
CAP	KRĄŻYĆ
CAŁY	SUKCES

Puzzle 20

```
N S I E J E W O K A M I L Ś Ś
A N V J A I S I Z D Y P R F M
U E I K S A B Ł E I K U O M I
C K O Z Y Y T P L W S Ł G I E
Z T W E A K Ł I P Q I G N A S
Y A I Y W W V Y K U J Ó C M Z
C R X C C N A W Y D N U R M N
I Y E B S I I R Q L V C S K E
E E P O H C Ą D T X A Z Z A N
L H C R B K X G B O R Y P S A
W Y S T Ą P I Ć N H Ś Ć I A A
U Ł Y S Z E Ć H Ą K Ć T E J
P O D M U C H B B K Ł H A Q H
D R A M A T Y C Z N A Z L Y S
```

SZPITAL
WYCIĄGNĄŁ
WYSTĄPIĆ
ŚMIESZNE
DZISIAJ
NEKTAR
ŚLIMAKOWEJ
UCZYĆ
GŁUPI
PODMUCH

USŁYSZEĆ
ROB
ZAWARTOŚĆ
PIŁKA
WIEWIÓRKA
DRAMATYCZNA
KIEŁBASKI
NAUCZYCIEL
OBCY
DYWAN

Puzzle 21

```
N A U K A D E L B E M R T J I
K Q X V U L S T W O R Z Y Ć E
V S A B B E W Q X N O K L A B
F I I Ó R O H L D I M U M Ń P
T J R Ę X S L Z P A M C S O K
C W V H Ż G Ł Ó W N Ą Y F K X
F Q E R L Y Ł D A P S K F L M
S F S W S H C A P A Z V G P A
O P I S A Ć V A N L O D E I C
M P R Z E Z R O C Z Y S T Y L
G A Z A C H O W U J Ą D P B O
V E J I D E N T Y C Z N E U K
A L R Ą C V Y R B H D G Q R Z
O S K A R Ż A Ć E I S O G U T
```

MAJĄ	KUCYK
BALKON	SPADŁY
GŁÓWNĄ	KOŃ
PRZEZROCZYSTY	IDENTYCZNE
DOLNA	SOK
ZAPACH	WRÓBLE
KSIĘŻYCA	SIEĆ
MEBLE	STWORZYĆ
OPISAĆ	ZACHOWUJĄ
OSKARŻAĆ	NAUKA

Puzzle 22

```
O Z E M H O N Z T L X Y C F K
G C W A O D D W Y Y U C I G D
M Q O Y T N I W L D T Ą E O L
E Y D Z C E I M K O N J K P L
I N Ę D K Z I T O K B A A R B
K L P U A M A M O O B Z W Z T
R A A M R A K J K R T C E E C
U K N I M O K Z X K A R W P Z
I O Ż Z G Z G A Z E T A O R Ł
B L Ó E F C G T O Z D T G A A
W Z R O S Ł A L P C B S Z S P
O K D E F D T C J A R Y I Z A
W E O J U Q Z K T N A W L A Ć
E D P T T Q U K G Z L F Ś M J
```

MONITORA	ZŁAPAĆ
CIEKAWE	KARMA
NAPĘDOWE	ŚLIZGOWE
WYSTARCZAJĄCY	GAZETA
WIEKU	KOMINKU
MIECZ	ZWYCZAJ
TYLKO	ZNACZEK
KROKODYL	WZROSŁA
BIURKIEM	PRZEPRASZAM
LOKALNY	PODRÓŻ

Puzzle 23

```
T Y N H C Y C Ą Z D O H C O P
T O W A R Z Y S Z B F F F J O
A C A N K G J B J Z Q A U S D
V I X K N I R D E M A I I T Ś
I K N U S O T S N S A N S T W
T H A S O X L S Ż Q N A R E I
P O P Y C H A N E A I Z O M E
R E L A C J A L L M Z D Ś P T
F O R M A C I E A H D Ą L O L
I Y O R D U R Z Z D O Z I T A
Ż T J C E T S D E J R R N T J
M K U B L J W Ę I L N A Y T Ą
O T R Z Y M A P N N M Z X I C
L F P R U Z Y S K A N I E Q Y
```

UZYSKANIE
PĘDZEL
NIEZALEŻNEJ
RELACJA
OTRZYMA
STOSUNKI
TEMPO
SUKNA
TOWARZYSZ
POCHODZĄCYCH

ZAMIAST
ZARZĄDZANIA
ROŚLINY
ALERT
DRINK
RYŻ
FORMACIE
POPYCHANE
RODZINA
PODŚWIETLAJĄCY

Puzzle 24

```
N P O N O W N I E O M I Y T J
Ć A D K Z E S Y H G B W X H E
S K S P X A O D R E N K Z A D
Z T L T K D O J Q N I J N S Z
T O N R A W I L K L P E F U E
O K I C A W R J A O U A W B N
R N Q K O Q I Z M D J S Y S I
M Z E O X O S E V Z P K K T A
O L L D Z S U D N U F Ą O Y N
M H M I J H K U B I P P N T T
Ć Ó R W Y Z R P U O E E A U W
W Y S Z U K I W A N I E Ć T A
M A K I E T Y F I C J O Y X R
O S I E M D Z I E S I Ą T T Z
```

ZDOLNEGO	PONOWNIE
KOTKA	DAĆ
FUNDUSZ	WYKONAĆ
SKĄPE	MLEKA
SZTORM	WILK
NASTAWIENIE	JEDZENIA
WIDOK	OSIEMDZIESIĄT
TWARZ	SUBSTYTUT
WYSZUKIWANIE	PRZYWRÓĆ
MAKIETY	SZALIK

Puzzle 25

```
T G F S W S P I E R A Ć H V Y
Y I R R Y D L A C Z E G O F Y
G A E A U T U P A D E K S U Y
R A T K K E U C R F Y K A Z U
Y Ć K Z A I Q A N E R A C R X
S Ś I C I N J Y C S M R J Ó H
K O M E N T A R Z J Ó I K H X
N N H T M O V V T I A B K C P
N L R O E R S E P C J M L T A
Ó O T Z I K L E C G O I P Ż X
Ż W D C Z X Z H X T J W Ę I Y
W G W Z I R X N C G L W Z F J
H Q H S P T E L E S K O P S V
C I Ś N I E N I A S G M Q R E
```

TYGRYS	CIŚNIENIA
UPADEK	SZCZOTECZKA
KROTNIE	IMBIR
DLACZEGO	NÓŻ
ARENA	FRETKI
WSPIERAĆ	SYTUACJA
ZIEMNIAK	KOMENTARZ
WĘŻA	TELESKOP
WOLNOŚĆ	PRZEPIÓRCZY
CEL	TCHÓRZ

Puzzle 26

```
U C Z E L N I A P A M K Z H Z
P G O L W H Z N U N F R F S V
R Ł O U C Y I O Z V A Z I U J
O O G Z O U I Ż U A J C P O E
S D E C R A K I E T U D P Ł W
Z N P P Y H U Y Z D Q G S O
K Y L Q L Z Y B R W K Z P Y K
U O O X N J N D Ó L O Ó T M T
M Z W N Y A O Z K V L Ł E E Z
Z U O A U T O R S N T R G Z S
N U R K O W A N I A K E O R E
X W B B F V I E W Z X Y P P R
V Z O X U K Q P I Ę Ć D W D Y
T W D L U D Z I E S O W A C Q
```

MAPA
RESZTKOWEJ
PRZEMYSŁ
RAKIET
CZULE
PROSZKU
UCZELNIA
ŻONA
NURKOWANIA
GŁODNY

GŁOWY
WSPÓLNIE
PIĘĆ
OPCJA
DOBROWOLNEGO
LUDZIE
SKÓRY
ODRZUCISZ
AUTOR
SOWA

Puzzle 27

```
N  J  T  K  C  Y  P  E  K  Q  K  A  Z  P  I
P  Ć  P  N  H  B  W  R  P  I  I  X  F  O  O
J  Ę  T  H  X  O  O  D  Z  B  N  R  X  D  Y
J  I  Y  X  K  G  H  E  J  Y  O  H  T  Ł  P
Y  S  Y  S  J  J  S  I  K  A  T  G  G  O  P
M  E  A  N  E  C  O  N  W  F  I  U  P  G  X
U  I  I  V  I  F  K  N  D  P  M  N  L  A  Y
P  Z  Z  W  N  T  T  A  M  A  R  B  B  I  Q
I  D  D  J  Ź  S  I  R  Ż  Ż  B  I  K  E  Ł
C  A  Ę  H  Ó  Z  J  A  Y  D  V  E  J  N  B
H  H  S  R  P  E  L  T  T  N  E  J  C  A  P
S  E  K  C  J  A  P  S  J  L  D  M  C  B  G
P  R  Z  E  S  Z  Ł  O  Ś  Ć  A  K  U  Z  S
P  R  O  F  E  S  O  R  A  W  Ł  A  S  N  Y
```

PACJENT   KAŻDEMU
PROFESORA   SEKCJA
PÓŹNIEJ   PRZYTULIŁ
STARANNIE   ICH
PIASKOWE   SĘDZIA
ŻBIK   OCENA
KINO   WŁASNY
BRAMA   SZUKA
PRZESZŁOŚĆ   SHOW
DZIESIĘĆ   PODŁOGA

Puzzle 28

```
D P Z Z U V P O M A S X D W O
Ł R P N Z L O B Ą I M S W Y R
U Z R U A C W I D U T M P A G
G Y P Z U Z Y E R H J E S S Y
O Z M A F L Ż T Z M P U K M H
Ś N Ę J A X E N E W X L S S U
C A I Ł N J J I J N F M K K T
I Ć K X I Y Z C S Q O S R O C
P M R J E P U Ę Z W O T O M I
O P E R A C J I Y G H R M F A
D C I N Z S Y R P L X Z N O S
G G K T R O C H Ę E U A Y R T
T K U P A N N A Z B R Ł L T O
L B C X H V L O T A C U V Q M
```

OPERACJI   KOMFORT
PANNA   POWYŻEJ
GLEBA   CIASTO
OBIETNICĘ   MĄDRZEJSZY
TEKST   PIŁĘ
MOWY   PRZYZNAĆ
SKROMNY   ZAUFANIE
CUKIERKI   SAM
STRZAŁ   PRYSZNIC
TROCHĘ   DŁUGOŚCI

Puzzle 29

```
L A M Y M J E Z R P U C X K Z
N V Q T O P W C S M I A X S Q
S T A W C N Q J S H K Z P I H
Y Y G T W J Z K Z T E D R Ą A
X G H J L D N V U Z R Ę Z Ż R
E N O Z C I N A R G O J E Ę M
V O U H R L L Q D B T A D W O
W A K J I N I L H A W F Ł Y N
J I E S O S N Y N A N Z U Z O
E I D Ś Q F R K M R I P Ż W G
Z N C E V R O P L C X T Y A R
D I R R L U L I C A N E Ć N A
N P Q G K E Z S O R G U D I M
T O I Y C U C O C I C H Y E C
```

STAW
OKNA
LINIJKA
WIDELEC
OGRANICZONE
CICHY
WTOREK
OPINII
ULICA
KSIĄŻĘ

HARMONOGRAM
GROSZEK
AKTUALNOŚCI
MOC
ZNANY
PRZEDŁUŻYĆ
POR
WYZWANIE
UPRZEJMY
JĘDZA

Puzzle 30

```
O T W A R T E A I N W O S I P
X H K X Q V V G P K Y I S A Y
K R Ó L E W S K A L N N Y W G
Z V E W R H H P I J I A O O I
D I I M I M S S N Ż K K B Z N
E Ć N Q J R K D P Y P D Q N Ą
C A Z S U K R A G A D V C I B
Y W S P X F D B N Z R Ć S E X
D O E S F B B A O Ł S A M T D
O B I J Y Y K P E O D W C O H
W Ó P Z Y B Q I Z T S Y F P L
A R Ś L U B I Ł E O L Ł M E I
N P O S T Ę P O W A Ć P Z R K
A S P P O Z O S T A W I A Z H
```

OTWARTE
POŚPIESZNIE
KANAPKOWY
KRÓLEWSKA
POSTĘPOWAĆ
ZŁOTO
ARKUSZ
GINĄ
SPRÓBOWAĆ
WYNIK

LUBIŁ
PNIA
NIŻ
ZDECYDOWANA
NIETOPERZ
BANKI
PISOWNIA
POZOSTAWIA
PŁYWAĆ
MASŁO

Puzzle 31

```
I Y N L I Ć Ż O Q S P J R R K
K Q T O A T B A R K F Y Q A R
Ż Q Y T E N A G R V E V U E W
Ę N Y N N Y Ł S M T Y W H C A
I Z L A S S O M I C U A N K W
C B R N R B K I G T S J U A I
S N Z A L K H S R E X O Ę N E
J X T V M O S K U A I S S A N
G N T L E M I A J T D Q Z R I
F X E Y N W Y S E R G A F E E
M I A N O W N I K U V H D K Z
N A J W I Ę K S Z A N V L X Y
G V Q S Y G N A L I Z O W A Ć
W I Z Y T Y S P O T K A N I E
```

KANAREK	AGRESYWNY
CZYTAĆ	CIĘŻKI
MIGRUJE	KOŁA
SPOTKANIE	SYGNALIZOWAĆ
CHWYT	MISKA
ŻARTUJĘ	TEATRU
WIZYTY	KRWAWIENIE
NAJWIĘKSZA	MIANOWNIK
KRAB	TEN
SŁYNNY	LASSO

Puzzle 32

```
K H W Y J R K X T O Y Y L L V
O O C S G F Y A W E L E Z R P
N Y Z V C X W Ł K F S M K S H
F N O D H A O A J D E N E R R
E W R R R W R I E G O I N A T
R Ó A K Ó A U C N B B Z D R T
E Ł J D B R P H L E G L R A E
N G U E Y P R C I V T C X P R
C Ł U A W D U S W Z W V N R K
J U G Q E T P L Y T U E H Q C
A P N C Y R T S C I Q N W M K
E I M Ś N S Q Ć Ą N G Ą I S O
N E R O J G Q Ą J U G A E R A
I X Z Ł Y B R A F Q H G K S A
```

KONFERENCJA
REAGUJĄ
FARBY
TANI
GŁÓWNY
GŁUPIE
KRAWAT
CHCIAŁA
WYBÓR
PRZODKA

PRAWA
SIEBIE
WIEK
ŁOŚ
CYWILNE
PURPUROWY
ZŁY
WCZORAJ
OSIĄGNĄĆ
PRZELEWA

Puzzle 33

```
X P A I F A R G O T O F T N H
R F E Ć Ś O N W Y T K A F H F
O N Z W X J T I W K Z O R I M
Z S S G N A H C U M C W W P N
C R J E Ł O Z A W I E R A Ć F
Z T A Ś M Y Ś W O J N A P A X
A C F G I S Z Ć P K U R T K I
R H H J R N O I U N Z R M E K
O Ł I K A T Q L Ć Y Ż O Ł Z N
W O T W X S S B J Z X O U B U
A D E W K B D A C A Z E J A R
N N M G R F Z K S G D B E R A
A Y T B E D C I A A X I I I W
U S Ł Y S Z A Ł E M K R U K D
```

ZŁOŻYĆ
HITEM
ROZCZAROWANA
FOTOGRAFIA
TAKI
CHŁODNY
KRUK
KURTKI
ŁATWO
MAGAZYN

ZAWIERAĆ
AKTYWNOŚĆ
ROZKWIT
WARUNKI
MUCHA
USŁYSZAŁ
PEWNOŚĆ
PRZYJAZD
TAŚMY
WOJNA

Puzzle 34

```
W B U T E L K I G T I P Y M W
A C E Ć Ś O N Z C E Ł O P S I
Ż G K B P X S L K I R D K T L
Y Z S Ż I N Q V P B O E B R G
Ć X A P R V I S R O Z J S U O
X Z N G R P U G E K P M P S C
M E S U X A R P Z M O O I K I
W C X U Z A W W E V Z W G A Q
B R U D N A L A N Z N A U W M
I E V I M S R D T W A N Ł K E
K S C Z K A F B Y T J I K A E
F A W O L N Y T O E L E A U K
U M Y S Ł C Z E R W O N Y A R
Z A G U B I O N Y N V E Y D C
```

WOLNY	OBRAZ
TRUSKAWKA	WILGOCI
UMYSŁ	WAŻYĆ
SPRAWA	BRUDNA
SERCE	SPOŁECZNOŚĆ
ROZPOZNAJ	GRANICA
ZAGUBIONY	BUTELKI
CZERWONY	PIGUŁKA
KOBIET	NIŻSZY
PODEJMOWANIE	PREZENTY

Puzzle 35

```
D  S  Z  T  G  C  O  T  M  K  W  R  O  A  S
E  R  K  Q  R  A  W  E  H  A  I  O  D  H  Z
N  A  T  S  Y  O  I  N  J  P  E  Z  K  M  C
T  T  M  E  C  K  T  N  X  U  D  M  R  I  Z
Y  H  A  R  T  S  O  V  O  S  Z  O  Y  E  E
S  B  I  Ą  E  C  H  M  I  T  A  W  Ć  R  G
T  G  J  C  H  Y  G  A  T  A  Y  A  Ś  Z  Ó
A  Y  A  K  E  Ł  I  S  Y  W  H  P  C  Ą  Ł
W  Q  Y  N  J  D  O  X  P  J  I  U  M  C  M
S  Z  L  W  Ó  V  S  F  O  E  S  C  R  U  B
Y  J  G  O  T  G  K  Z  W  A  M  G  K  K  M
Z  B  R  O  D  N  I  A  Y  M  G  B  L  O  L
G  I  L  K  N  L  Ć  Y  N  O  Z  D  O  R  U
P  O  T  R  Z  Ą  S  N  Ą  Ł  V  H  V  K  Z
```

STAN	KROKU
TYPOWY	SZCZEGÓŁ
WIEDZA	GRY
ŚPIEWAĆ	WYSIŁEK
POTRZĄSNĄŁ	WYJĄTKIEM
MIERZĄC	ODKRYĆ
OSTRA	NÓG
SCRUB	KAPUSTA
ZBRODNIA	URODZONY
DENTYSTA	ROZMOWA

Puzzle 36

```
Z S Z A P L T U Z C O Q G M F
E E A W O C D Y B N M A T I B
Z N T A Y L Ó R K S A G J Ł I
W Y R R Q D W Z A R M K Ż O Ć
A Z Z Y H Y M Z D K L Q E Ś Ś
L L Y J U L N I F R E Q L Ć Ę
A Q M N S K A X L H F P A A Z
J J A E Y G B M P T Z U Z W C
Ą E Ł G C E L E M G W Q A O Z
N P Ż O G E N Ź A R Y W W R Y
N Z Ć I N Ż Ó R P O Y B O E S
I J C E N G S A D G A N D L T
D Ż A I C O H C P Q O N Y O Y
Z T W P F E P P Y E S O N T Z
```

CZYSTY   ZEZWALAJĄ
ZNAK   AWARYJNEGO
INNĄ   WODY
KRÓL   MIŁOŚĆ
OPRÓŻNIĆ   WYRAŹNEGO
BIT   TOLEROWAĆ
DRAKE   CZĘŚĆ
CHOCIAŻ   ZATRZYMAŁ
PONIŻEJ   ŻELAZA
CELEM   OCZU

Puzzle 37

```
R Y N R A L U G E R E I N K N
Ę D L D X C W N Ę L B Ó S A Z
C T Y C H E J C W D R J J R M
Z P G S V I Z R O D Z A J I R
N I U M G N B L C F M F I B I
Y P F I I E R O G U Y M O U R
C V L K T Z Z P Ę T S O P E P
H E G R O C H O W A Z E G C O
R C G Y Ć Y Ż U Ł S C R B S M
J E G K F Ż P Q C F U S L J N
U W I E R Z Y Ć V B O A B E O
P R A N I E A A M S X O D I Ż
P L A N E T Y A G Y F V O M Y
S P B P P T H G T C X E S A Ć
```

UWIERZYĆ   GROCHOWA
ZASÓB   MIEJSCE
PLANETY   ROGU
RĘCZNIK   TYCH
RODZAJ   POMNOŻYĆ
PRANIE   HAMBURGER
MYSZ   RELIGIJNE
KARIBU   ŻYCZENIE
SŁUŻYĆ   RĘCZNYCH
NIEREGULARNY   POSTĘP

Puzzle 38

```
N O B E C N Y F R P K M U P S
Z I S C S R G A T R A K J R Z
R H E X K O N R K V J A G O Y
A O M R V J M T E G Ź L E J B
T K Z B U B Y U I I Z Z S E K
Y S Ć L A C E B F A S T K O
R I I Q I L H H O P M E O T Ś
O L W S Q C K O O V J K N O Ć
K B A W T T Z M M G I U O W M
A W B S H S N A N O Q N G A U
P R Z E B I E G N Q Ś D A N Z
V X O V A R F Y P E G Ć T I Y
R E P Ł J I S F A E B H Z E K
Y N A W O Ż A G N A A Z C U A
```

NIERUCHOMOŚĆ
FARTUCH
KORYTARZ
ZAANGAŻOWANY
STONOGA
SEKUND
POZBAWIĆ
ROZLICZANE
PRZEBIEG
MUZYKA

SZYBKOŚĆ
OBECNY
ŹLE
KARTA
PAN
ZAPOMNIAŁ
BLISKO
IRIS
OBIEKT
PROJEKTOWANIE

Puzzle 39

```
N  I  U  Ś  M  I  A  Ł  S  Z  A  M  P  O  N
N  I  E  Z  A  L  E  Ż  N  O  Ś  Ć  A  W  K
G  C  D  B  Z  L  K  I  E  R  O  W  C  A  J
P  R  Z  Y  S  Z  Ł  O  Ś  C  I  N  I  B  E
G  X  W  X  W  I  E  L  O  R  Y  B  A  O  D
R  A  Y  U  R  B  R  K  Q  U  T  H  J  T  N
O  R  D  W  T  A  D  Y  D  N  A  K  E  N  A
P  D  R  U  P  W  K  C  N  A  M  Y  Ł  A  C
U  O  A  O  G  O  G  C  C  L  I  J  C  K  A
C  S  R  O  S  I  Z  J  A  P  L  S  Y  O  M
H  T  V  Z  R  E  F  O  R  M  K  T  G  X  R
A  S  Y  C  E  L  V  H  D  T  N  A  R  P  G
Z  K  N  V  R  C  Q  V  U  Z  V  D  V  V  M
M  S  R  Q  J  V  H  H  V  Q  G  O  V  K  R
```

REFORM	WIELORYBA
AKCJI	STADO
ROPUCHA	KANDYDAT
JEDNA	CYKL
RAPORT	NIEZALEŻNOŚĆ
KOSZYK	PLANU
KLIMAT	PRZYSZŁOŚCI
WYDRA	ŚMIAŁ
SZAMPON	KIEROWCA
ORZECH	CAŁYM

Puzzle 40

```
G  Ł  Q  R  D  O  S  T  A  Ł  Y  M  Y  G  P
G  W  A  S  T  O  P  I  E  Ń  A  D  E  A  X
R  U  I  Ń  N  O  K  J  W  I  R  W  S  I  D
Z  Z  R  A  C  I  D  A  Z  Z  U  R  Ć  N  Y
E  B  O  P  Z  U  W  D  E  A  M  Q  I  L  W
B  R  D  A  Z  D  C  W  D  H  H  M  C  A  I
I  O  T  R  U  J  O  H  C  P  C  Z  Ś  I  A
E  I  A  K  J  Ć  A  W  O  L  A  M  O  P  D
Ń  Ć  E  V  N  Ć  U  Y  E  I  T  O  R  Y  O
M  A  T  E  R  I  I  M  N  I  E  J  P  S  M
G  Ę  S  T  Y  C  O  B  S  Z  A  R  U  M  O
A  A  J  Q  S  U  W  Y  S  O  K  O  Ś  Ć  Ś
H  O  K  K  M  Z  K  O  P  Y  T  O  D  G  Ć
K  O  G  C  K  R  O  C  I  A  C  I  C  Q  U
```

CHMURA	MATERII
SYPIALNIA	DRZEWO
GRZEBIEŃ	KOPYTO
UPROŚCIĆ	OBSZAR
ŁAŃCUCH	UZBROIĆ
POMALOWAĆ	WYSOKOŚĆ
DOSTAŁ	PARK
GWIAZDOWE	WIADOMOŚĆ
RZUCIĆ	GĘSTY
MNIEJ	STOPIEŃ

Puzzle 41

```
S  U  Ć  B  K  N  D  O  P  L  Y  V  R  K  O
T  L  P  I  E  Y  R  A  M  L  A  K  K  M  C
O  J  Ł  B  N  N  Z  S  O  R  G  E  S  E  E
L  K  A  D  O  O  E  A  T  W  A  R  D  Y  H
E  I  S  Ń  Ł  Z  W  N  I  Z  R  O  V  S  T
C  N  Z  E  Z  S  G  Z  B  U  D  Y  N  E  K
N  W  C  I  C  A  L  Y  D  V  T  P  J  Ę  U
S  O  Z  M  T  R  Y  Z  H  A  J  F  I  Z  R
B  Z  S  U  R  T  Z  C  J  T  Z  M  F  D  T
I  C  N  R  D  S  X  Ż  W  Z  A  R  Z  X  S
L  E  B  T  V  E  W  Ę  C  R  D  E  Y  S  N
K  Z  R  S  V  Z  D  M  O  F  I  A  R  Ą  O
J  R  K  T  V  R  J  A  D  A  L  N  E  N  K
F  D  L  P  J  P  J  A  K  O  Ś  C  I  Q  X
```

KALMARY	BUDYNEK
JADALNE	JAKOŚCI
MĘŻCZYZNA	GATUNEK
PŁASZCZ	PRZESTRASZONY
TWARDY	RZECZOWNIK
RAMIĘ	POD
STRUMIEŃ	STOLEC
OFIARĄ	ZADZWONIĆ
KONSTRUKT	DRZEW
CZŁONEK	GROSZ

Puzzle 42

```
F  L  Q  P  O  N  P  P  U  J  E  M  N  Y  T
H  Z  J  U  V  C  R  H  U  X  K  A  U  A  I
Y  K  Q  O  E  O  T  A  J  E  M  N  I  C  A
J  G  Ą  K  Ś  F  G  S  F  S  U  V  U  W  W
P  G  J  B  F  N  Y  P  K  T  P  E  C  P  O
V  R  A  F  T  O  L  O  M  A  S  Ł  A  B  Y
O  K  Z  O  U  S  X  M  F  R  Z  A  H  P  Ł
T  A  R  Y  D  Z  W  O  N  E  J  I  C  U  U
O  L  E  I  C  I  C  Ś  A  Ł  W  M  E  S  K
N  F  D  N  X  H  U  C  K  B  P  Ś  C  Z  O
E  I  Z  M  A  A  O  N  F  T  P  E  N  Y  R
Y  N  O  L  O  W  O  D  A  Z  K  I  I  S  B
U  L  U  B  I  O  N  Y  Z  A  B  N  M  T  O
B  A  D  A  V  K  F  R  S  I  R  Y  N  Y  X
```

BADA	PRZYCHODZI
PROŚBA	PUSZYSTY
ZADOWOLONY	SAMOLOT
WŁAŚCICIEL	ONE
SŁABY	ZDERZAJĄ
ULUBIONY	TAJEMNICA
DZWON	STARE
AKT	BROKUŁY
UJEMNY	SZAFKA
CECHA	NIEŚMIAŁE

Puzzle 43

```
R K G X M S A E O S P A C J K
B Z A I G J N K B O Q R A C O
K Q E O J I Z N Y T S V Z O L
J E J C Y T S E W N I A E D A
A W Y T Z Ć A R A I S O Ł E N
J Ł U W E Y R U T K U R T S O
K A R L S N T S E I Z D Ę B W
O T Ś N Z T S Y L X R V Z X C
I Y I A C A I G L A T S O N V
M P A T Z D W I N O G R O N A
B A Z U Y Y P R A W N Y P J C
K Z Q R T Z R O Z W I J A Ć Y
X E O A E R D Z I E S I Ą T Y
X E K N S P G U U Z H N R Q S
```

STRASZNA	SZCZYT
INWESTYCJE	BĘDZIE
PRZYDATNY	ZAPYTAŁ
ROZWIJAĆ	NATURA
OBYWATEL	ŁOSIA
NOSTALGIA	CZAS
WINOGRONA	RZECZY
JAJKO	STRUKTURY
MYŚLEĆ	PRAWNY
DZIESIĄTY	KOLANO

Puzzle 44

```
D  W  Y  B  U  C  H  N  Ą  Ł  Y  D  I  P  U
Z  O  Q  W  L  M  J  S  E  C  B  D  G  J  W
G  I  W  B  A  S  E  N  Y  Z  C  Y  W  J  A
M  N  Y  O  J  W  N  X  U  Ó  Q  X  L  G  G
W  T  D  I  D  N  K  K  N  R  V  I  N  D  A
M  E  N  T  H  Y  X  G  D  M  I  M  Q  H  C
A  R  J  H  W  R  R  O  Ł  G  V  R  E  Ą  Z
Ł  A  R  Z  A  R  F  N  O  Ę  V  O  Ż  Q  T
P  K  E  Z  S  A  N  T  N  X  B  E  W  J  K
A  C  W  M  P  C  P  Q  U  M  L  O  T  A  K
D  J  O  E  Ł  Y  Z  R  T  A  P  G  K  E  E
M  A  R  T  W  M  E  I  N  A  D  A  Z  I  V
Z  R  E  A  L  I  Z  O  W  A  Ć  W  E  R  M
D  E  N  Z  O  K  R  E  S  Z  B  Y  T  D  N
```

ZREALIZOWAĆ	WYBUCHNĄŁ
ZATEM	ZADANIE
DOWODY	ROWER
UWAGA	TAK
GŁĘBOKIM	BASEN
MRÓZ	MAŁPA
WYCZYN	CARRY
NALEŻĄ	INTERAKCJA
PATRZYŁ	ZBYT
OKRES	NASZE

Puzzle 45

```
P  R  Z  E  K  R  Ó  J  R  I  Z  U  E  M  H
T  O  W  A  R  Z  Y  S  Z  Y  Ć  Y  W  A  Z
G  Ó  R  S  K  I  E  Y  Y  Ą  C  Y  T  L  C
P  O  L  I  T  Y  K  A  C  J  Y  O  Ć  A  Z
R  Ó  Ż  N  E  U  Q  H  Ę  A  A  G  E  R  Ł
H  D  S  L  C  Q  C  Y  I  I  N  N  I  S  A
Z  R  N  T  O  C  Y  O  S  N  X  Q  Z  K  D
L  O  Q  M  G  N  J  Y  E  E  X  B  D  I  N
G  K  Q  O  W  O  H  F  I  C  J  T  I  C  I
Ś  E  Q  Y  G  W  K  U  M  O  J  A  W  H  E
P  R  T  T  E  L  E  W  I  Z  J  I  E  O  J
S  K  O  P  U  S  T  Y  N  I  A  W  Z  N  S
A  J  Z  D  R  Y  S  U  N  E  K  K  R  I  Z
F  J  Z  J  A  W  A  R  P  Y  W  V  P  M  E
```

MALARSKICH	KWIAT
OCENIAJĄ	RÓŻNE
ŁADNIEJSZE	TOWARZYSZYĆ
PRZEKRÓJ	CHCĄ
PRZEWIDZIEĆ	AKTYWNY
PUSTYNIA	REKORD
GÓRSKIE	POLITYKA
ŚRODA	TELEWIZJI
RYSUNEK	WYPRAWA
INNI	MIESIĘCY

Puzzle 46

```
E A Ż A L P W S P A N I A Ł Y
Ł N V B B N L Ć X E X O E X N
Y I W X X D I Ą X F E B Y L N
Ż M G Ó Ą D L J E I N M J A N
K O Ł L Ł C I Y V M L O O J I
A P G Y C G O Z A P E D Q C K
F Y U Q Ż R W R R O T K Q K O
W Z W G O W Y P D R R R D E S
S R T K A W A R T T E Y N L Z
B P C U D G Q C F O I C A S Y
J A S T R Z Ą B H W M I N F K
Z M A C H A Ć T G E Ś A N F A
S Z E R O K O Ś Ć J V D H I R
Z I D E N T Y F I K O W A Ć Z
```

MACHAĆ	NAJMNIEJ
ŁYŻKA	LEKCJA
IMPORTOWEJ	KOSZYKARZ
LILIOWY	SZEROKOŚĆ
ŁYŻWACH	WYGLĄD
GŁÓWNE	ŚMIERTELNE
PRZYPOMINA	PRZYJĄĆ
WSPANIAŁY	ZIDENTYFIKOWAĆ
JASTRZĄB	TRAWA
ODKRYCIA	PLAŻA

Puzzle 47

```
W R A D N R C I X K V X D U M
A Q B K A S H S W X K L Y O E
G S M P C V L H N M A S N F D
O H C U A Q E Ą A U M Z O Y Y
N T Q U B M B J G Y Z X R S C
K K T K N C M A L X S E O O Y
P Z R E I B Y W E R K G K Ł N
L L A B N F C E C T J W L W A
Ś R E D N I O Z O H A Ł A S U
Ł Y Z C U A N R P G P K Q N S
Ó B B V X M A J Ł P U C F R H
Ż E Z D C Z Ł O W I E K Z Q J
K K J B Z P S D O B E C N I E
U R O R R E T O W S T R Z Ą S
```

OBECNIE	GŁOS
DOJRZEWAJĄ	UCHO
NAUCZYŁ	ŁÓŻKU
ŚREDNIO	MEDYCYNA
WYBIERZ	NETTO
WSTRZĄS	NAGLE
CZŁOWIEK	TERRORU
HAŁASU	DYREKTORA
KORONY	CHLEB
WAGON	WŁOSY

Puzzle 48

```
W Y C I E K D K P S Q L R S G
W N U V B M I P R Z E A O R O
T J E K M Z B Ą A T X L C F T
A Ó Z R X W J U W Y B K K Q O
M W C E W U T C D W O A J J W
A D Z A M F V S A N T S I L A
T O S J T N R O T A S P Q A Ć
O P E T M P T R U Ć A K E Z C
P B J X U K A X D K I F I L M
O J M N U S L Y V D M R E S G
P F V R T N O A W A R P A N T
I G N Y Z S R A T S G Q L A X
H Z D O L N O Ś Ć K D H M W J
D Z I E W C Z Ą T Z A Z F G Z
```

MIASTO	GOTOWAĆ
JESZCZE	LIST
CZEKAĆ	STARSZY
OBEJMUJĄ	WYCIEK
KONTRAST	ZDOLNOŚĆ
HIPOPOTAM	SZTYWNA
NAPRAWA	PRAWDA
ROCK	KLATKA
DZIEWCZĄT	FILM
LALKA	PODWÓJNY

Puzzle 49

```
Z N C R Q F S K Y R E B O S N
M X Q J I N D N R P B N T I I
W Y Z N A C Z Y Ć Ó P R W E E
I N S T Y T U C J A T U Ó D D
E I N Z C E I P Z E B K R E Ź
A J Z R Ł D G D N P O I I M W
W G E A A B I T A O L A P E I
N A I H Ż A C E S R E O O Y E
C M L C E A M O T Z Ś G R E D
P Ó R U L X W R Ę E N R Z J Z
S R Y K C O O I P C I O Ą L I
M I L I O N L A N Z E M D Y A
K X P V T U Ę L I K B N K S Q
K T Ó R Y C H R E A L Y U I Z
```

KRÓTKIE
PORZĄDKU
KTÓRYCH
WYZNACZYĆ
MIAŁ
MILION
TEORIA
BEZPIECZNIE
NASTĘPNIE
KUCHARZ

LEŻAŁ
INSTYTUCJA
PORZECZKA
BOLEŚNIE
SIEDEM
WOLĘ
OGRÓMNY
NIEDŹWIEDZIA
SÓL
OTWÓR

Puzzle 50

```
I  M  F  Y  T  J  Ł  P  J  N  L  N  P  P  C
L  Z  I  J  X  A  G  R  S  A  R  A  V  P  Ł
O  M  M  T  R  T  Ł  O  M  R  J  G  Y  Ą  Z
R  D  P  B  Z  S  O  B  H  T  Y  A  N  J  A
A  O  E  R  K  O  Ś  L  G  Y  Ł  P  T  A  R
Z  D  I  A  O  N  N  E  X  I  R  G  U  T  O
O  F  C  K  S  O  O  M  S  A  P  C  M  S  B
I  G  Y  S  Z  R  T  F  Z  Z  K  F  S  O  I
X  O  Ż  L  T  G  M  S  B  X  A  X  E  Z  Ć
D  K  W  C  S  S  T  E  P  N  G  W  O  O  H
S  Y  S  T  E  M  U  C  R  O  T  L  C  P  R
D  Z  O  R  O  W  G  O  W  Y  S  Ł  A  N  Y
H  Y  Y  N  A  W  O  R  E  P  S  E  D  Z  M
J  R  H  L  U  Q  K  P  O  C  H  B  J  D  A
```

KOSZT	ŻYCIE
POZOSTAJĄ	ODEBRAŁ
RYZYKO	SMUTNY
SZARPNĄŁ	GŁOŚNO
PROBLEM	SKARB
GRONOSTAJ	ZDESPEROWANY
WYSŁANY	KOGUT
ILORAZ	NARTY
SYSTEMU	PROCES
ZAROBIĆ	SIŁA

Puzzle 51

```
S A T A B E D J H D L Z Z L E
W K X G T Y N Z C Y T K A R P
D Y O J W S D B Y N K Ę I P L
F T H C Y W O W R E Z E R O E
C Y F N Z O H G A I Z S W D C
P R R E T Y W J T C D Q P L Z
A K Y S T J Ł K S U N T W E E
M U B B N M D P N Z I G V G N
Z A P I S U W G I C Ś O P Ł I
S V R O D Z I M Y U D D Ć O E
C Z A J N I C Z E K S Ś C Ś K
T I N T O N W A D E I N P C E
A B S O L W E N T L C L D I I
P R A W D O P O D O B N I E S
```

KRYTYKA
PIĘKNY
NIEDAWNO
ABSOLWENT
ODLEGŁOŚCI
DEBATA
UCZUCIE
ZAPISU
PRAWDOPODOBNIE
CZAJNICZEK

SKOCZYŁ
REZERWOWYCH
LECZENIE
SEN
STO
LIŚĆ
RODZIMY
STARYCH
PRAKTYCZNY
POŚCIG

Puzzle 52

```
T J A W M A R T S O R Z W E U
B G M N B D Ś L U B Z D I A S
K R U U I P O C I Ą G Z C K Z
D K P P D O M S P Y D X E Q K
Z M I A N A Ł S F Ę A F C W O
O D D Z I A Ł T Ł C I K A L D
J O C B S R V O K V S B F Y Z
U N Y G I D Ż J M A Ą P T T O
X G N P X R U D A T S Ó Z S N
D J M R O Z P O C Z Ę Ł A W Y
J A E P O T R Z E B A X T G G
W I I G L F H C R U E I K X C
S T C C I E N K I E H F F Q D
Z Ł A M A Ć W Y D A T K I W V
```

WAMPIR	SZÓSTA
STYL	ANIOŁ
FACECI	CIENKIE
ODDZIAŁ	ŻOŁĘDZIE
TRAMWAJ	WYDATKI
USZKODZONY	ZMIANA
CIEMNY	WZROST
ŚLUB	POTRZEBA
POCIĄG	SĄSIAD
ZŁAMAĆ	ROZPOCZĘŁA

Puzzle 53

```
F  A  R  S  Ą  J  Ć  O  Ć  Q  G  V  X  P  P
N  D  E  A  N  W  Y  T  Y  Z  O  P  Ć  O  O
Ą  R  P  K  T  J  Z  N  Z  T  S  Q  A  W  T
C  E  M  T  O  A  C  E  S  M  P  J  W  I  N
Ą  S  J  Ó  T  F  A  M  E  D  O  E  O  T  A
J  H  G  R  S  B  B  Y  I  D  D  W  B  A  R
A  L  W  K  I  I  O  R  C  X  A  O  Ó  N  O
I  N  S  B  Q  K  Z  E  S  A  R  L  R  I  D
N  G  A  D  O  G  O  P  U  S  K  E  P  E  Z
L  T  R  N  H  T  D  S  U  G  A  C  K  I  I
A  X  M  Z  A  H  F  K  L  P  W  Z  X  W  N
W  V  L  O  Y  S  A  E  B  I  P  E  S  L  Y
Z  S  E  H  W  B  D  O  D  A  J  B  O  T  J
H  O  D  O  W  L  I  K  O  M  Ó  R  K  A  Y
```

KOMÓRKA	NARODZINY
CIESZYĆ	GOSPODARKA
ISTOTNĄ	KRÓTKA
ADRES	POGODA
BORSUKA	EKSPERYMENT
DODAJ	ZOBACZYĆ
GRZYB	BEZCELOWE
HODOWLI	POZYTYWNA
ANANAS	POWITANIE
PRÓBOWAĆ	ZWALNIAJĄCĄ

Puzzle 54

```
N  R  Z  E  P  A  C  A  G  A  M  O  P  S  O
Y  A  T  O  B  O  R  H  N  S  H  K  D  P  Z
C  N  W  I  K  S  Y  Q  Ł  K  S  Ł  J  A  I
S  S  Ć  Y  Ż  O  Ł  D  O  O  H  A  J  L  M
S  Y  Ł  U  K  Y  T  R  A  P  P  D  E  O  O
Q  Ł  I  G  N  O  R  O  W  A  Ć  I  S  N  W
R  O  O  D  W  A  N  A  Ś  C  I  E  E  E  Y
Y  Y  T  N  I  O  P  W  Z  Q  P  L  Q  C  S
C  R  U  J  E  L  K  M  V  P  D  G  E  Y  S
E  Ć  A  W  O  C  A  R  P  Ł  Ó  P  S  W  T
R  K  F  Y  C  Ą  Z  C  A  N  Z  S  C  Q  P
Z  G  H  V  L  E  I  N  E  Z  R  J  O  P  S
U  M  Q  J  I  V  D  K  I  E  L  X  X  U  A
M  A  T  E  R  I  A  Ł  Y  K  G  D  P  D  G
```

ROBOTA
ARTYKUŁY
POMAGA
CHŁOPIEC
ODŁOŻYĆ
MATERIAŁY
RZEPA
KLEJU
WSPÓŁPRACOWAĆ
POINTY

SPALONE
OKŁAD
IGNOROWAĆ
SŁONECZNIK
ZNACZĄCY
SPOJRZENIE
ZIMOWY
RYCERZ
DWANAŚCIE
NAWYK

Puzzle 55

```
J  N  F  B  B  A  N  Ł  E  W  A  B  G  Y  T
F  V  U  D  I  W  L  A  F  K  R  Z  D  R  S
P  S  F  Y  A  U  H  D  G  E  S  S  E  K  Z
V  C  X  X  Ł  Q  Y  N  U  X  F  P  C  A  C
N  I  K  T  Ą  S  Q  I  I  I  S  F  Z  P  Z
U  Ś  M  I  E  C  H  E  B  K  K  B  A  I  Ę
T  W  I  E  R  D  Z  Ą  E  Z  U  A  R  T  Ś
Ć  W  I  C  Z  E  N  I  A  C  R  B  Ó  A  C
C  Z  T  E  R  Y  N  I  H  I  Z  E  W  Ł  I
P  R  Z  Y  P  I  S  A  Ć  W  X  C  N  J  E
D  Z  I  Ę  K  I  V  V  L  A  W  Z  I  C  Z
P  O  S  Z  E  D  Ł  M  O  K  F  K  N  Y  X
K  A  M  I  E  Ń  O  Ó  G  Ę  J  A  Y  S  W
F  G  N  L  M  L  W  J  K  R  Y  K  A  Y  T
```

DZIĘKI	EKSPERT
SZCZĘŚCIE	UŚMIECH
KAMIEŃ	BAWEŁNA
TWIERDZĄ	POSZEDŁ
ĆWICZENIA	CZTERY
BIAŁĄ	NIKT
KAPITAŁ	RÓWNINY
RĘKAWICZKI	MÓJ
ŁADNIE	PRZYPISAĆ
KURZ	BABECZKA

Puzzle 56

```
W I O S N A J Q G J Ć Ś E Z S
Ź R E N I C Ą U S T U S C Y Ł
E F F U R J M R N J T W Y N O
C I E P Ł A Z J H A O Y V T D
P R Z Y P U S Z C Z E N I E Y
Z E Y Q Ć J S J B M K O L H C
J E G Q X O A K A K U Z Ś C Z
K W L Ę D W A R P A N C Y A E
O O Y F O P Ń E I C D O M L D
P O L I C J A D I K C K E Z S
J P J I C B L K J P U S D S L
O D N O S Z Ą I K C S A V K K
C O K O L W I E K S O Z S Y A
W Y S T A R C Z A J Ą C O K V
```

POLICJA
MYŚLI
ZASKOCZONY
WYSTARCZAJĄCO
ŹRENICĄ
ODNOSZĄ
STACJA
WIOSNA
ODCIEŃ
ELF

KAKAO
RZUĆ
SZEŚĆ
NAPRAWDĘ
CIEPŁA
SŁODYCZE
KREDKI
PRZYPUSZCZENIE
SZLACHETNY
COKOLWIEK

Puzzle 57

```
Y T A R E W O T Ć A D Ą L G O
H K V N Z S A I N H C U K P I
E W O K S I W O D O R Ś M D R
K N U D P M A S Z Y N A H N B
O A P Ń E I C Ś R E I P N S Y
N P L J L K Ł A M S T W O P W
O R Z A P A M I Ę T A J H O A
M Z D L T J O W T S Ó N M K K
I E P D S U U L Y T O H C O E
C C T E Ć A D A Ł K Z O R J I
Z I U A Ł O P L U C A Z A N C
N W M F M N F A A Y B Z P Y V
E K E R X K Ą H H R J S A C Z
J O B I E D R O N K A X H Ć C
```

DUMNY
ŚRODOWISKOWE
CIEKAWY
MASZYNA
NAPRZECIWKO
KUCHNIA
OCHOTY
OGLĄDAĆ
EKONOMICZNEJ
PIERŚCIEŃ

SPOKOJNY
BIEDRONKA
ZAPAMIĘTAJ
HALA
KŁAMSTWO
ROZKŁADAĆ
WYKAZAĆ
MNÓSTWO
LEPSZE
PEŁNĄ

Puzzle 58

```
T N E M Y T R O S A R K Y C P
M V I N Ź Y Z C Ż Ę M Ż K X G
P H Ź D Y Y Z Z E J U J G Q E
T U R Y Ą J A I N D U R T A Z
L W O S E J F K T H Q F M Q R
F I Ś K R M B Ó S O P S W O B
G D L U Q D A G Y I U Q D H Ć
S O I S L A T Q Z S F D Ó R Ę
X C N J J C P A R T N E R S I
F Z A I D Ó H C O M A S A G W
R N T L A U Y H K J T L N R Ś
X E P I O S E N K A K U B K O
N A J D Z I W N I E J S Z A P
T I F J T R A W I E N I E Z H
```

PARTNER   NAJDZIWNIEJSZA
SPOSÓB   POŚWIĘĆ
PIOSENKA   LAT
MĘŻCZYŹNI   BRZEG
DUŻY   LUŹNY
KLASĘ   DYSKUSJI
ASORTYMENT   SAMOCHÓD
WIDOCZNE   TRAWIENIE
ZATRUDNIAJĄ   KORZYSTNE
ROŚLINA   NARÓD

Puzzle 59

```
M X Z O M E Q M W G U K O M H
D V X P T Q E N M U R A L A U
W Y P Ł A K A Ł A M K N N R R
U M Y N U F O B Y S U R S T A
F F D D D T U S Z C C E W W G
T E R M O M E T R Q O T L I A
S U K I E N K A R Z O S C I N
P E R S O N E L L Y T A N D M
E K S P O R T E M W M P J N D
J I O A R Y K U L T U R O W E
M U H D T W Y M A R Ł Y S U Z
E A I Z U M O R S K I E S U R
V B R B J C Z A P L A R X G P
M Y Ś L E N I A M K K J L O U
```

MARTWI
MILE
PERSONEL
MŁOT
CZAPLA
SUKIENKA
HURAGAN
TERMOMETR
JUTRO
MYŚLENIA

WYMARŁY
WYPŁAKAŁAM
RYM
EKSPORTEM
MORSKIE
PASTERNAK
KULTUROWE
CUKRU
MURAL
PRZED

Puzzle 60

```
A N C Ż D W Z O O D N G B B W
R P X K Ą Y U B H R S U C H I
T Ł P Z H M Q R S A B X K W R
Y A P E V O F O D G Q I Q N T
S M L R N W W N N L O D T P U
T A U O S A X Y Ć F J O U Y A
A Ł G W E N K F E O C T B N L
I Z D E I M U R Ż B G R P H N
P R O S T E J Y E K W Z Y B Y
A N T Y K J G T L I H E W L E
I N S P I R O W A Ć K Ć Y U O
W Ł A Ś C I W E Z O T S Ę Z C
W A S Ę J C K A R E T N I K W
S P R Z E D A W C A A D R A A
```

DOTRZEĆ   MĄŻ
ZALEŻEĆ   CZĘSTO
ORBITY   ISKIERKA
WŁAŚCIWE   INSPIROWAĆ
ZŁAMAŁ   ZEROWE
BLUZKA   WYMOWA
PROSTEJ   SPRZEDAWCA
ARTYSTA   WIRTUALNY
OBRONY   MIEDZI
ANTYK   INTERAKCJĘ

Puzzle 61

```
B D V T N E R Q I D H K X O P
D D W B F N A W Y Z R K H M F
C O L W J K F K D A U X A J I
S B E A C G F N I T Ę I N I L
E Ł K E I C Ś W B N N C X E A
P V I J C K A E R W H D V O A
E Z R Ó G Z W T E E L C T N I
D M A R G O R P X T E C E A N
M O N E T Y A I Y W O M O T A
I L E D E Z S P E L J A N N D
B E Z P I E C Z E Ń S T W O Ą
K W A L I F I K O W A Ć N O L
D E K A D Ę F W B Y W O T O G
K S Z T A Ł T C A Ł Ą Y W U O
```

TECHNIKA	CAŁĄ
WZGÓRZE	REAKCJI
ZAPEWNIAM	ONA
KWALIFIKOWAĆ	DEKADĘ
MONETY	OGLĄDANIA
NAJLEPSZE	ATOMOWY
LINIĘ	PROGRAM
KSZTAŁT	DZIECKA
GOTOWY	KRZYWA
WŚCIEKŁE	BEZPIECZEŃSTWO

Puzzle 62

```
W P R E Z Y D E N T L I A K L
Ć Y N O L E I Z G R K E R O W
I W J M B U I N X Y D N E T N
S O T A M E T B T C W D T B I
E Ż O M Ś E R O X Y S U E Z N
I Ó L I Y N K X B I T R W Z W
W R C Y K R I B A B A T S F A
O Q Y L A E Z E I X W D A Ł Z
P D B N N P I Z N F I H F W J
M G R G A L O P A I Ć T C M I
M V J Z O E T Z R M E I S O N
Ć A H C U Ł S V B L E K A R Z
F J M Z X Ć L P U A Z S Z W L
C A Ł K O W I C I E V Z Y S U
```

NARKOTYKI
WSTAWIĆ
ODRZUĆ
OSIEM
WOREK
SWETER
TEMAT
GALOP
CAŁKOWICIE
INWAZJI

LEKARZ
POWIESIĆ
DAŁ
SŁUCHAĆ
PREZYDENT
TRUDNE
WYJAŚNIENIE
ZIELONY
UBRANIA
RÓŻOWY

Puzzle 63

```
N U A K A C Z K I L G T Q M O
Ć A W O M Y R P E D G I J J S
S H U P O L I C J A N T W H Z
T A S K F T O J E Ż C H Y T A
O B Ó L O K E T Ą I P Q S W C
P R O A S W O F E R T A Y O O
I U A J M T I I D Y O G Ł D W
Ć W O C Z R Y E U T H A A P A
L W J F X E M M C P G W N O N
O D P O C Z Y N E K O T I W I
O C N W M O T O C Y K L A I E
W Y N A G R O D Z E N I A E M
P O Z O S T A W I A J Ą C D U
X J T A K S Ó W K I W F Y Ź D
```

WYNAGRODZENIA	BÓL
PIĄTEK	WAGA
MOTOCYKL	POZOSTAWIAJĄC
WOJSKO	JEŻ
OFERTA	LWA
OSZACOWANIE	ODPOCZYNEK
DEPRYMOWAĆ	NAUKOWIEC
POLICJANT	STOPIĆ
ODPOWIEDŹ	KACZKI
WYSYŁANIA	TAKSÓWKI

Puzzle 64

```
M E T O D A S Q N O O X L J P
N B O J Q I K X A K L E I W R
O D P A D Y I B S P S H L F O
N D G I U G Z I L Ś O P Q N B
K I T Y P H W K Y Z Ę J V Q L
R R E Z S O R G B B K W Z E E
B S V Ś D J C Z B O T N N G M
Ć O O O M G X H G X O W W R E
Ą T R T A I W N H W I A M E M
N Ś N W K W A W O Z C Z S E D
Y H O M Y A X Ł D X X J F B R
Ł V L E I C A J Y Z R P D J Z
P R Z Y N I Ó S Ł W A Y Y I L
W W E W N Ę T R Z N E U M E K
```

CIOTKĘ
PROBLEMEM
WIATR
ŚRODOWISKO
WIELKA
WEWNĘTRZNE
METODA
JĘZYK
DESZCZOWA
GROSZE

DYM
PRZYJACIEL
PRZYNIÓSŁ
SKI
ODPADY
TYP
POŚLIZGU
DZIWNE
NIEŚMIAŁY
WPŁYNĄĆ

Puzzle 65

```
R A F C G W P C W H C Y C K Ż
U I I Y E Z Ł M G Q A J Z L E
X N O N Ć R A K K Ę I M A Q Ń
N A L O A Y C E V O N J S W S
D D E Ż Z Z Z A W R A I A S K
J A T A S B Ą E I N W N M P I
I B O W E W L I O B Y G I O B
C G W U I I U I W N Ł Ą W M G
T T Y A M T H J Ż O P I K N K
J M B Z S T M D A A B S D I C
Z M N I E J S Z Y Ć Ć O B A O
N A T U R A L N Ą S H G Z N G
A W Y K O Ń C Z E N I E Q E V
A R E S Z T O W A N I A Ł Z A
```

ZAUWAŻONY
WSPOMNIANE
NATURALNĄ
PŁACZ
FIOLETOWY
MIESZAĆ
BADANIA
ŻEŃSKI
BOI
ZOBOWIĄZANIA

CZASAMI
ZMNIEJSZYĆ
ZBLIŻAĆ
WYKOŃCZENIE
ŁZA
OSIĄGNIJ
WUJA
ARESZTOWANIA
PŁYWANIA
MIĘKKA

Puzzle 66

```
K W Q H K L I P Y R S I C E S
O W R N A H X A V C L H C H E
N N V K T Q O T H E S Y C T K
K B P N P S R L T W C N Y Y W
U Y R T S O U B R Ą Z O W Y E
R Z Z O A D L I S T A C F H N
E W U B N U J X F I D Ę T Y C
N I B Y E I N E Z D O R G O J
C E R L Ż K Ć C K C B K L S Ę
J R A Z Ó D G B N N P A A Z L
A Z G E Ł O G E N W I Z D Y V
Q Ą E D T Ł T M J C B F T B Q
H T Q O Y S V P J U N C P K P
T E L E F O N I X V Y R K O M
```

SŁODKI	SCHLUDNY
MOKRY	ZAKRĘCONY
ZWIERZĄT	ALE
BRONIĆ	KLIPY
ŻÓŁTY	DZIWNEGO
ARBUZ	PTAK
OSTRY	OGRODZENIE
SEKWENCJĘ	KONKURENCJA
BRĄZOWY	SZYBKO
LISTA	TELEFON

Puzzle 67

```
P R O W A D Z O N E L B A S T
Z A S T O S O W A Ć K W I Z A
D Z I A Ł A Ć F J S A Ł N E T
G Ą S I O R J F L T N O E R U
A J U N A K E M S M I D L M Ś
R J K A P K Ć Y F I P Z Y I D
I V A U U I W U A D Z I H E O
W T O T C N M N K B S I C R T
Y C B A Y W O E T H R K A K Y
Q M R U R O Z C E I W O N A K
P T R X G S T V N M U D Ń C O
S G F P Ć A N O K E Z R P X W
P H C Y N Z C Y T K R A B P Y
H U B O Ł C Ą J A D A I S O P
```

SZERMIERKA	DZIAŁAĆ
SZPINAK	WIECZORU
PRZEKONAĆ	ANI
GĄSIOR	TATUŚ
BROŃ	POSIADAJĄCE
ZASTOSOWAĆ	ŁODZI
ARKTYCZNYCH	DOTYKOWY
STRACIĆ	CZASOWNIK
NACHYLENIA	FAKT
PROWADZONE	WYSTAWA

Puzzle 68

```
Z  Z  A  W  Ż  Y  Ł  P  J  A  P  Q  J  W  Y
F  N  J  J  T  B  M  U  A  Z  O  P  Y  C  F
C  R  C  E  L  A  D  S  M  T  S  A  Y  W  P
B  G  L  F  Ł  X  J  Y  A  G  Ł  T  R  M  S
B  A  R  A  K  L  V  K  Z  K  U  L  Q  Y  Y
Z  A  B  S  O  R  B  U  J  Ą  S  N  E  N  R
O  B  R  A  Ż  A  J  Ą  R  X  Z  V  D  Z  Z
Z  A  P  R  Z  E  S  T  A  Ć  N  J  Ą  C  E
V  I  W  P  O  M  Y  S  Ł  G  Y  D  R  Y  S
R  O  Z  P  O  C  Z  Ą  Ć  W  O  Z  P  T  T
R  M  Ł  A  I  Z  D  E  I  W  O  P  G  S  A
X  Y  H  L  Z  W  Y  M  Y  Ś  L  I  Ć  A  W
D  N  I  K  R  U  Z  C  Z  S  A  J  E  L  L
M  Ą  I  N  D  O  H  C  A  Z  A  G  H  E  A
```

ROZPOCZĄĆ	POMYSŁ
ZALETY	WYMYŚLIĆ
ZACHODNIĄ	JAMA
KARA	OBRAŻAJĄ
MAŁA	POWIEDZIAŁ
ŁYŻWA	PRĄD
POSŁUSZNY	JASZCZURKI
ZESTAW	RZĄDOWYCH
POZA	ABSORBUJĄ
ELASTYCZNYM	ZAPRZESTAĆ

Puzzle 69

```
S K L E P U U K H T C M R I Y
S Z J G G B K P M L N H Q C S
T Ą Y A U S O U A F N M T Ś R
A B K D K B S T I N M D O P
W B O S G I G A N T Y C Z N Y
K W Ł C X L N B S Y N D Ć T K
A C O N U Ż Y W N O Ś C I Ę I
G O R Ę T S Z E A T H A N J E
D E L I K A T N Y R O K D E D
S T R Z E L A Ć H O T T O I Y
C F K B G P S Ł O W O O G M S
S I E D Z E N I E A W R Z U Q
W Y P E Ł N I E N I A N U X W
D O R O S Ł Y C H C I X F X Q
```

ŻYWNOŚCI	STRZELAĆ
SKLEPU	BUDOWA
STAWKA	DELIKATNY
KIEDY	KOŁO
UMIEJĘTNOŚCI	WYPEŁNIENIA
GIGANTYCZNY	SŁOWO
TRAWNIK	DOROSŁYCH
AKTOR	SIEDZENIE
MUSI	ZĄB
UZGODNIĆ	GORĘTSZE

Puzzle 70

```
O Z E W P K C U Ć P P W W E P
G N M I A N A A F U O Y I L O
K U E O G L W C Y D D J E E Z
D U W Q D I K Q T E J Ą L M W
O Z X R K Y R A A Ł Ę T K E O
Ś Y D E I K F C I K T E I N L
F T Z T Q Y H I W O E K E T E
Z C Q A J C A U K A W E G A N
O F O R M U Ł Y F O C G O R I
W A E N N I L Ś O R W W Y N A
J Y N R U M H C O P Q A V Y G
F B P H F O Ż A T N O M Ć O M
P I L O T A Ż O W E G O J Y Q
R O Z P R Y S K U J E D Q M K
```

FOOT	DOM
KWIATY	WALKA
EWAKUACJA	FORMUŁY
ROŚLINNE	POCHMURNY
KIEDYŚ	OCZEKIWAĆ
PUDEŁKO	PILOTAŻOWEGO
ELEMENTARNY	ZMODYFIKOWAĆ
ROZPRYSKUJE	MONTAŻ
WYJĄTEK	POZWOLENIA
PODJĘTE	WIELKIEGO

Puzzle 71

```
T  Y  V  J  C  H  S  A  M  Ł  I  C  H  G  K
W  Y  B  A  C  Z  Y  Ć  A  X  L  Z  O  S  U
E  O  Ł  D  Y  B  A  I  Y  D  N  A  J  K  H
R  A  T  R  A  W  Z  C  L  J  A  R  N  H  T
K  T  V  W  B  D  A  L  R  O  S  O  O  T  H
H  A  B  R  E  G  Ó  R  W  O  T  W  Ś  A  S
Q  K  D  I  X  I  O  N  T  E  Ę  N  Ć  D  M
V  I  S  G  R  U  B  Y  F  O  P  I  F  D  A
N  I  E  D  Z  I  E  L  A  I  S  C  L  J  K
L  Q  A  J  S  U  K  S  Y  D  T  Ę  C  P  O
A  M  J  E  N  D  Ę  L  G  Z  W  Z  E  B  Ł
M  V  Z  A  Q  Ę  R  P  Q  Q  I  E  R  T  Y
P  J  J  C  U  Ł  W  I  H  L  E  Y  E  G  K
A  R  T  G  C  B  Y  N  D  E  I  B  M  J  Q
```

GRUBY	BIEDNY
SIEDZIAŁ	CZAROWNICĘ
BEZWZGLĘDNEJ	CZWARTA
KREW	LAMPA
SMAKOŁYK	PIN
NIEDZIELA	WARTO
WYBACZYĆ	HOJNOŚĆ
BŁĘDU	DYSKUSJA
CAŁA	NASTĘPSTWIE
BYDŁO	WRÓG

Puzzle 72

```
W Y K S Z T A Ł C E N I E E D
K Ą P I E L I S Z T U C Z K A
W Y R A Ź N I E N Z C I L D I
S T A R T O W Y M Q U L H O C
O G Ć I B W E Q Ł T D W N B N
P O L V A K I C O Z C T K R D
U I N G N A E E I C Y Ż U Z H
O V P B A X O O S N Y I Q E P
T M G R N Z B C O J M U J Y R
K U R C Z A K Z Z L V E W N A
K C K X Ć M C Z C U W N J W W
B J F A X Ę L O S O W O L A O
S A N N M Y W O Z C Z S E D T
T O P Z A N G I E L S K I M T
```

OSIOŁ
DAWNY
LOSOWO
LICZNE
ZMĘCZONY
DZIOBAĆ
STARTOWYM
SZTUCZKA
PRAWO
WBIĆ

DOBRZE
WYRAŹNIE
UŻYCIE
TAJEMNICE
BANAN
WYKSZTAŁCENIE
DESZCZOWYM
ANGIELSKI
KĄPIELI
KURCZAK

Puzzle 73

```
R T R A G I C Z N Y I I R E S
E X M N K Q J Y M Z A V O W H
G R Y E B Q S F K R C W C P W
U B Q C H T E I H T I N Z O Y
Ł K L A S Y N M E Y N O N C T
A E Q M U H N S N A D L E Z R
N G I H W V Y I S C Ó H J T Z
Y Y D H V L C V Z E P S H Y Ą
Z V O D L Ę M U G I S L P A S
N A F W I D W F T W V I W C A
E K A N W A R T O Ś Ć O Z M N
B Ż G U L I Y O B I M I I Q I
A A L N B R M X V U X R W F A
J W Y D R O G I E I C Ę J D Z
```

SPÓDNICA	BENZYNA
POCZTY	CENA
ZDJĘCIE	ŚWIECA
SENNY	WAŻKA
WYTRZĄSANIA	REGUŁA
JAGNIĘCINY	DROGIE
SERII	ODCZUWALNY
KLASY	ROCZNEJ
TRAGICZNY	WARTOŚĆ
TRZY	UMOWA

Puzzle 74

```
H  W  T  V  X  Y  G  K  O  K  T  A  J  L  W
S  E  S  C  H  O  D  A  M  I  F  S  O  S  L
F  W  R  M  N  O  Ż  E  N  I  E  Q  G  Ś  K
H  O  I  B  A  P  A  R  A  T  I  L  I  W  O
R  K  G  Q  A  Z  D  Y  R  U  K  U  K  I  O
N  S  H  D  R  T  U  Ś  F  Y  O  F  O  A  Y
Z  J  V  L  U  W  A  B  L  M  L  H  S  T  R
R  O  L  A  T  S  T  H  Ó  E  B  V  Y  Ł  Z
X  W  P  X  L  Z  O  G  X  S  D  K  W  A  A
E  N  K  T  U  Ę  B  U  G  F  T  Z  S  T  D
E  M  F  I  K  D  O  K  Z  T  N  W  I  G  K
M  Q  T  Q  U  Z  S  E  Z  T  A  N  O  Ć  O
Z  E  G  A  R  I  P  O  C  A  Ł  U  N  E  K
N  Y  T  A  T  E  O  S  T  R  O  Ż  N  Y  E
```

STAL	POCAŁUNEK
WYSOKI	APARAT
ŚWIATŁA	RZADKO
WSZĘDZIE	ZEGAR
ŚLEDZIĆ	UBÓSTWO
HERBATA	BLOKI
MNOŻENIE	KULTURA
OSTROŻNY	WOJSKOWE
KOKTAJL	SCHODAMI
SOBOTA	KUKURYDZA

Puzzle 75

```
H J C W N I O S E K Q M K O C
Z A A N G A Ż O W A N I A D A
P K K Y U L Y K H T P P T P Ł
N U N Q J I B A Z Z O A V O K
R Z E R A C O Ż S I W R P W O
K S P D W Z G D K L I A Z I W
F A Z G N N Z Y A U E S H E I
Ł O S W I I R W L S R O M D T
Ó K L Z Ć K D V E T Z L P Z Y
Z G J K T U Y V R R C B Ą I A
C F U S L A S L I O H K R A J
Z J P O P O N D T W N M A B J
S E L E R E R Y P A I K I S Y
P A K A W A Ł E K Ć A X M C B
```

LICZNIK	DWA
ZAANGAŻOWANIA	ODPOWIEDZI
CAŁKOWITY	KAŻDY
SELER	UJAWNIĆ
WNIOSEK	SZUKAJ
MIARĄ	PARASOL
KRAJ	KASZTANY
KAWAŁEK	PSZCZÓŁ
FOLKLOR	ZILUSTROWAĆ
RELAKS	POWIERZCHNIA

Puzzle 76

```
N F R F H Ć Y Z S K Ę I W Z J
P G P Ć Ą N G Ą I C Z O S O P
Y N L I B A T S E I N J B M R
R B D O Z D R O W I A W Y I Z
A C D E U I W I P B O W C S E
L O Z N E I W E P K I H Ą J N
P D Z I E W I Ę Ć E S D J A I
Y R K M P R Z Y C Z Y N A N E
R O Z U M I E Ć S A K D H N S
T E N I S D W E W W O Ł C A I
T L L Q D D B R V Q C U O T E
P O R T R E T K R T I G K N N
Z B I O R C Z E J S A O X O I
E U U H H Y K G L U K S G F E
```

PRZYCZYNA   ZBIORCZEJ
FONTANNA   PEWIEN
PODOBNY   CIĄGNĄĆ
DZIEWIĘĆ   MISJA
PORTRET   NIESTABILNY
TENIS   KOCHAJĄCY
ZWIĘKSZYĆ   WIEM
DŁUGO   ROZUMIEĆ
PRZENIESIENIE   KOWBOJ
ZDROWIA   KOCIAK

Puzzle 77

```
C B W G L Ą D U V X G B C K J
T Z E W G O D Z I N N Y Q R E
M I V Z N I E Z A W O D N Y P
N J D A P F U R G O N E T K Ę
Q C J K A Ł W A K Z S U R G Ć
L A Z A T N A Ż A B U A J P A
M R A N A Z L T Y F X Ż H I W
V E J Z N M C W N O U U Y P O
R N Ą D J S X Q S E Q V V T S
U E C O R E A L I Z O W A Ć Y
I G A J M A R C H E W K A Y R
M I E S Z K A N I E C G K Z A
S P E C Y F I C Z N Y W W S N
I M P R E Z Y Ł A B Ę D Z I A
```

MAJA
MIESZKANIEC
MARCHEWKA
SZYĆ
FURGONETKĘ
GRUSZKA
NARYSOWAĆ
GENERACJI
BEZPŁATNE
ZUŻYTY

ODZNAKA
IMPREZY
ŁABĘDZIA
BAŻANTA
GODZINNY
SPECYFICZNY
NIEZAWODNY
WGLĄDU
REALIZOWAĆ
ZAJĄCA

Puzzle 78

```
J  Y  P  E  K  H  J  O  Q  H  Y  Y  U  Ą  N
Ó  A  I  N  E  Z  R  U  B  A  Z  S  N  C  I
W  S  E  Ę  H  C  U  Ż  E  Z  R  Z  T  T  E
T  U  R  D  I  K  G  A  B  W  C  X  B  U  P
L  Q  W  O  B  Z  J  O  G  E  T  A  L  D  O
O  S  S  M  T  Z  M  T  N  E  E  R  P  W  D
V  U  Z  Y  E  B  G  O  P  Ó  Ł  N  O  C  O
I  S  E  B  S  L  Ł  W  E  J  Ś  C  I  A  B
J  Z  R  M  R  S  S  K  A  R  P  E  T  Y  N
Q  A  K  W  I  L  Ś  P  O  M  O  C  N  Y  E
P  R  Z  E  S  Ł  U  C  H  A  N  I  E  X  G
N  N  I  S  K  I  P  A  P  U  G  A  M  O
Q  Y  P  A  I  A  C  P  R  H  O  H  V  E  M
A  O  Y  B  E  X  L  E  U  T  E  L  S  I  Y
```

ZABURZENIA
DRUT
NISKI
POMOCNY
ŚLIWKA
VOLT
PIERWSZE
RZEŻUCHĘ
SUSZA
TWÓJ

CIOS
SKARPETY
ZEBRA
PAPUGA
WEJŚCIA
NIEPODOBNEGO
SŁONECZNĄ
PÓŁNOC
DLATEGO
PRZESŁUCHANIE

Puzzle 79

```
S K D Z I E S I Ę T N Y Z V H
F U D Ó Ł G O G L D L X P U I
J B E Y H L Y H G O K O K F S
Ć E I N M O P A Z U Ć N U Y T
C K N Z O K O N T O A H I K O
I L A I K L E M O N I A D A R
E H W C U E H F K A W N J A I
P P O U L P E P M A A Ł R H A
Ł D N R A J U C Q C M E O D K
E P A T R P L S T I Z W E U T
A L P M Y Z C W A N O K Y W O
S A M E M U H Q O C R C B X Ś
N I E W I D O C Z N Y X F Y U
S P A L I Ć K O Ł Y S K A K U
```

TRUCIZNY
KOŁYSKA
DZIESIĘTNY
PANOWANIE
HISTORIA
OKULARY
LEMONIADA
KTOŚ
KUBEK
SAMEMU

NIEWIDOCZNY
DÓŁ
SPALIĆ
WEŁNA
NOC
WYKONAWCZYM
CIEPŁE
ZAPOMNIEĆ
ROZMAWIAĆ
KONTO

Puzzle 80

```
F K A T Ł X J U V B F B S H X
K A M I L Ś E A B P I Ę T U U
E X P K V S Y L O I L B A L C
W U G Ą Y C J M B S M N N A Ś
K A O M B W Y R A P U A D J R
Q K D O U Ł F Q L Z W M A N O
B T F U K B T V W D I A R O D
C Y T A T Y J I Ó R Z S D G K
F U N D A M E N T A L N Ą I O
D O U V V R A T N Z K C A J W
D E L J Z B J B U U A M I A Y
L B C Ę A D A P F A Ż F P S P
R O Z W A Ż Y Ć R P D R Z Ą D
E S T O K R O T K Ę A Q H P U
```

PAUZA
BĘBNA
ZWIERZĘ
STOKROTKĘ
POMYŁKA
STANDARD
PARY
FUNTÓW
MĄKI
ROZWAŻYĆ

KAŻDA
HULAJNOGI
KUPIŁ
ŚRODKOWY
RZĄD
ŚLIMAK
FILMU
SAMA
FUNDAMENTALNĄ
CYTAT

Puzzle 81

```
A  I  G  O  L  O  I  B  B  A  P  U  X  V  V
U  U  V  T  C  O  G  M  N  M  O  I  Z  O  P
S  A  T  R  G  U  G  Z  L  U  N  X  Y  C  M
T  N  H  O  W  I  C  D  Y  S  I  O  Ż  J  Ą
E  Ż  O  E  S  E  L  A  C  J  E  Ł  A  C  D
R  O  X  Z  T  T  C  Q  A  D  D  M  D  Ą  R
E  R  V  A  J  K  R  D  H  A  Z  Y  E  J  Y
K  T  T  M  I  U  O  A  H  F  I  L  Z  U  X
J  S  N  U  O  S  P  H  D  Z  A  M  R  B  L
O  O  S  P  O  T  K  A  Ł  Y  Ł  X  P  Ó  V
J  E  M  Z  S  U  I  R  A  N  E  C  S  R  G
R  I  Z  D  E  I  S  V  C  N  K  L  Q  P  I
F  N  A  J  C  A  R  T  S  I  N  I  M  D  A
W  K  Ł  A  D  L  L  V  D  W  X  D  U  O  O
```

SPRZEDAŻY	CALE
SUMA	NIEOSTROŻNA
PRÓBUJĄC	SCENARIUSZ
MĄDRY	OSTATECZNA
WKŁAD	PONIEDZIAŁEK
WINNY	SIEDZI
USTEREK	AUTOSTRADY
ADMINISTRACJA	POZIOM
SPOTKAŁ	CAŁEJ
BIOLOGIA	SODA

Puzzle 82

```
V  L  O  K  P  X  C  Q  F  E  N  W  B  H  G
D  R  A  B  I  N  A  E  I  N  K  I  N  Z  R
C  H  W  I  Ć  G  R  Ł  N  Y  G  L  K  A  B
I  O  A  P  Ś  X  A  I  L  T  U  D  B  E  A
A  K  B  D  O  K  P  N  O  W  R  J  D  Y  L
Ł  E  A  M  L  Ś  U  G  Z  P  U  A  Q  Q  O
A  J  Z  G  I  N  L  Z  G  P  V  J  L  A  N
N  I  O  N  O  W  B  U  C  J  M  C  Y  N  J
W  Y  T  Y  C  Z  N  E  B  R  L  A  G  R  Y
U  S  T  A  L  E  N  I  A  I  M  G  M  B  B
M  O  T  Y  W  A  C  J  A  I  Ć  I  U  E  K
P  O  S  I  A  D  A  J  Ą  X  P  W  M  R  H
T  J  E  D  W  A  B  I  S  T  Y  A  M  S  I
O  C  Z  Y  W  I  S  T  Y  M  Q  N  E  X  Q
```

OCZYWISTYM
SREBRNA
POŚLUBIĆ
POSIADAJĄ
JEDWABISTY
NAWIGACJA
USTALENIA
CIAŁA
PARA
BAR

ILOŚĆ
MOTYWACJA
HOKEJ
CENTRALNY
ZGNIŁE
ZNIKNIE
BALON
DRABINA
WYTYCZNE
ZABAWA

Puzzle 83

```
W  S  S  S  N  A  K  W  R  D  X  M  X  X  K
G  E  K  A  Q  Y  D  Z  A  I  W  G  J  K  U
D  O  W  K  E  T  O  G  E  T  S  O  R  P  P
B  B  Y  N  L  A  U  D  I  W  Y  D  N  I  O
P  Z  R  A  Ą  R  D  E  C  N  N  C  P  I  W
Y  N  U  I  E  T  Q  H  Z  G  R  Y  W  T  A
O  A  J  M  G  U  R  E  S  X  N  N  L  K  Ć
O  I  J  Z  K  A  L  Z  E  D  K  A  A  I  G
Z  D  C  W  M  Ó  W  I  R  T  N  M  Ć  L  F
G  U  P  Ć  A  H  C  Ą  W  O  P  O  N  Z  A
N  T  Ż  C  H  R  O  N  I  Ć  V  N  N  T  Z
P  S  S  Y  V  Q  N  A  C  I  S  K  R  P  A
W  U  E  Z  T  H  O  E  K  U  U  M  B  L  Y
Q  G  C  W  T  E  C  T  Ó  R  K  W  U  K  E
```

GWIAZDY	WEWNĄTRZ
PROSTEGO	WKRÓTCE
MÓWI	KUPOWAĆ
UTRATY	CHRONIĆ
BOKS	WRESZCIE
NACISK	POWĄCHAĆ
ZUŻYTE	WLAĆ
STUDIA	FAZA
CYNAMON	INDYWIDUALNY
WZMIANKA	JURY

Puzzle 84

```
K Y H E S K O M B I N A C J A
Q X W W E Z R K O R T S O B A
L H C Y N L A K I P O R T N J
O J I T H A D L W B L P Y V A
D E R P Z R T R O T N Z S G S
D D Y O A T W H Y N C J A L N
A N T J S Y Ć A I W A B O U E
L O A A Ł K O R E M O T Y K A
O S C Z O U P I R T W Y M E S
N T J D N Ł Z E Y W O L I E Q
Y K Ą C Y D R A N O T G R A C
K A P O P U L A C J A K T K V
T R A D Y C Y J N A Y K Y D R
R L W R N Ć I C Y W H C Y W V
```

ZASŁONY
SZALONA
WYCHWYCIĆ
KOMBINACJA
MOTYKA
RANO
POJAZD
TRIP
TRADYCYJNA
ODDALONY

DZIEWCZYNA
IRYTACJĄ
JASNE
OBAWIAĆ
POPULACJA
JEDNOSTKA
TROPIKALNYCH
OSTROKRZEW
ARTYKUŁ
WYKRES

Puzzle 85

```
P U S U N Ą Ć D M Y F E I E U
R J U Ż Z V Y E A M A W E N V
O R Ć A R B E D O N B T A C E
F V N R A B Ć E B H E E Z V Y
E Y W O T S A I M H C Y T A N
S B S T E Z W N S O L U O O M
J Ł T A R I O A V F X Q R P I
O O R L K T H J H N Q T R I Z
N T O U E P C I G B S L J M P
A N N K S J A W V U O T L U Ó
L I A L K W Z Z L D Z I E Ń Ł
N S X A K R Ó L O W A E M E C
Y T M K D O K Ł A D N I E J Y
R Y O R G A N I Z A C J A B Y
```

DOKŁADNIE	ZIMNY
PROFESJONALNY	ZWIJANIE
SEKRETARZ	LUSTRO
DZIEŃ	JUŻ
NATYCHMIASTOWY	OCEANU
ZACHOWAĆ	USUNĄĆ
KALKULATORA	STRONA
ORGANIZACJA	KRÓLOWA
ODEBRAĆ	PÓŁ
BŁOTNISTY	DANE

Puzzle 86

```
U S P A D E K Y D R O L O K O
O C U D P L A D Ó H C A Z K C
T T Z F J W U X G C Z Z T N O
B Q R E L O P M Y Z Y Ł Y I X
X I Y X S U T Z Z Ę W A U E P
T F B Z E T J M R S I M A S R
L P Ę L N F N D P T Ś A L P Z
O C Z Y I F P I S E C N S O E
A R P Z T O A Q C X I I O K N
C M Q C Q W T F V Z E E R O O
B Q J Ę O U A E A J E U L J Ś
D B K T O A J Ó K O P N S N N
N I E B O T A R D A W K I Y E
Z N A L E Z I O N O I E F A U
```

ZACHÓD	CZĘSTE
ZNALEZIONO	PRZYGÓD
NIEBO	ZOO
KWADRAT	NIESPOKOJNY
POKÓJ	TĘCZY
BIBLIOTEKA	KOLOR
ZŁAMANIE	UCZESTNICZENIA
POLE	OCZY
ZĘBY	SPADEK
OCZYWIŚCIE	PRZENOŚNE

Puzzle 87

```
P G W P Z N Y I G W A M I K E
R Ą D Ś A M M H O C J N T O A
O B M C I P M F I U C I W M V
J K G I N D I S N Y A E Y E Z
E A A A Ś L A E W R K J W R I
K J T N I Ł M I R F I S I C T
T E Ą A W V Z C L R L Z E Y P
G P K Z U D D Ś N E B O R J O
R L J N W U T Y I Z U Ś A N Ł
W H Ó A D G G Z K J P Ć Ć Y U
J V R Ć I S O R P A Z P V A D
Z P T I V U T O L O M A S E N
F L I P P E R K K T Ó R Z Y I
P R Z E C H O W Y W A N I A E
```

PRAWDZIWY	PROJEKT
ŁASICA	SAMOLOTU
ZAPROSIĆ	ŚCIANA
POŁUDNIE	PRZECHOWYWANIA
FREZJA	MNIEJSZOŚĆ
TRÓJKĄT	WYWIERAĆ
KOMERCYJNY	PUBLIKACJA
KORZYŚCI	KTÓRZY
WIŚNIA	PAPIER
GĄBKA	FLIPPER

Puzzle 88

```
W P E W N O Ś C I Ą W A Z K P
R O Z P R A S Z A Ć J A R T I
L Ł F Q Z Q P G U C R I E Ó E
I A J E O S J J A E K N I R N
N I T M K R J Z T J B I N E I
N Z Y O Ł N I M M G S W Ł G Ą
E D B N B L F R N M V Ś O O D
G Z O X A K I N N Y Z C Ż K Z
O O P U J X T K I K S D B T E
Y R T Z U P A O R J B K U Ą J
O K R Ó W D O P Z Q F A S Z T
A K L A S I E T J J Y Y L C L
H E L I K O P T E R Y S I A O
P Y T A N I E H U P Z C B K Y
```

AKTUALIZACJA	ŻOŁNIERZ
PODWÓRKO	KTÓREGO
PIENIĄDZE	LATO
ROZDZIAŁ	CZYNNIKA
ZUPA	HELIKOPTER
POBYT	ŚWINIA
PYTANIE	KACZĄTKO
TERAZ	INNEGO
JABŁKO	ROZPRASZAĆ
PEWNOŚCIĄ	KLASIE

Puzzle 89

```
N A M I O T I K S B Z Z Ł B L
H S E W S I G R C U W O Ó P Z
R M Q I U E C L V G D Z I E R
Y C T K B A K Q L G X O C L O
P Z G M S O N T Ę I P S Ś J Z
A Ą O W T S Ń E Ż Ł A M O K U
M S M Ć A N W Ó R O P A K J M
I T J M N T R H B A V L G X I
Ę K O H C O S J S G Q Q D B E
Ć Ę I Ą J U Z A K S W K Q A Ć
H Y K S A F V H P Ó T S E N E
E N I E B E Z P I E C Z N I E
A M E R Y K A Ń S K Ą F M U G
K S I Ę Ż Y C O W Y V K D R U
```

ZROZUMIEĆ
STÓP
PASTA
KSIĘŻYCOWY
PIĘTNO
PAMIĘĆ
RUINA
SUBSTANCJA
KIWI
CZĄSTKĘ

KOT
SAMO
MAŁŻEŃSTWO
GDZIE
AMERYKAŃSKĄ
NIEBEZPIECZNIE
KOŚCIÓŁ
NAMIOT
PORÓWNAĆ
WSKAZUJĄ

Puzzle 90

```
O P X D L X E H Q Q Q C Q Q W
P O Y J K R Y E K F E X L X P
O Ż R O H B W J K Y W O B E C
R Y T T O A I X R N V L I B V
A C S Y T R L A C A L H A B L
D Z O Z A E T I E G T H M P R
Y Y I Ć A W O Ż N A R A A Z A
P Ć S O K N K C H M A R R E N
W Z D Ł U Ż S R H Y O I Ó N E
O D V T T X Y A C W Q F W E M
Z U K B Z J Ł V Y S I U X R O
W J L P S K B Z W R L L B G N
P U B L I C Z N E J H C A I O
S P O Ł E C Z N E J L R T I H
```

ZAARANŻOWAĆ
ANEMON
POŻYCZYĆ
WYMAGANY
CAL
PORADY
SZANSA
HEJ
CHWILA
ENERGII

BŁYSKOTLIWY
TYS
SZTUKA
RÓW
SIOSTRY
WOBEC
SPOŁECZNEJ
PAROWY
WZDŁUŻ
PUBLICZNE

Puzzle 91

```
P  P  O  Q  O  I  K  A  W  A  O  Z  K  K  O
Q  R  Ł  A  R  G  Y  W  E  S  Ś  Z  O  R  S
I  W  Z  Y  R  O  H  C  I  X  W  L  N  A  O
P  Y  J  E  N  C  S  D  W  A  I  A  F  W  B
R  Z  A  W  T  N  X  J  V  L  A  K  L  Ę  I
A  N  D  F  I  R  E  P  O  Q  D  N  I  D  Ś
C  A  C  M  H  G  W  G  H  Ą  C  E  K  Ź  C
O  N  Y  Y  B  X  C  A  O  Q  Z  H  T  U  I
W  I  K  I  Z  D  O  N  Ć  Y  E  C  J  W  E
N  E  I  K  S  E  I  B  E  I  N  U  E  D  F
I  K  A  Z  R  E  I  W  Z  F  I  K  L  Z  R
K  U  P  A  D  N  I  E  E  P  E  S  A  G  R
Ć  I  L  D  E  I  C  R  E  I  W  Z  D  O  R
G  S  X  W  K  V  K  R  Y  T  Y  C  Z  N  Y
```

CHORY	WYGRAŁ
UPADNIE	PRZETRWAĆ
KAWA	KONFLIKT
ODZWIERCIEDLIĆ	ZWIERZAKI
DZIKI	WYZNANIE
OSOBIŚCIE	RZECZĄ
PRACOWNIK	DALEJ
NIEBIESKI	OŚWIADCZENIE
KRYTYCZNY	KUCHENKA
KRAWĘDŹ	PŁYNNEGO

Puzzle 92

```
K K O M U Ś S W E V D I D G B
O O W T S Ń E Z C E Ł O P S Y
L K J F O X K A K X A R Z Z P
O M S U E U N L J O Q D N E P
R F I N Y J A U G F Ł R I L R
Ó D T N T R P Z W E A Y S V Z
W U T F U D G S Y P M Ł Z Z Y
V L M J B T T O Ł Y B G C D P
L Z Ą R R K E K P H I E Z R O
P O D S T A W O W Y C L E O M
Y W O Z A R O N D E J D N G I
P R Y W A T N Y Z M A O I A N
D Z A P R O S Z E N I E E W A
K O N T R O L A I M E I Z S Ć
```

KOLORÓW   ODLEGŁY
ZNISZCZENIE   DEKLARUJĄ
MINUTE   WPŁYW
AMBICJA   KOSZULA
SZKOŁY   DROGA
JEDNORAZOWY   KONTROLA
ZAPROSZENIE   ZIEMIA
SPOŁECZEŃSTWO   PODSTAWOWY
BUTY   KOMUŚ
PRZYPOMINAĆ   PRYWATNY

Puzzle 93

```
M  Ą  D  R  O  Ś  Ć  T  R  R  H  Ń  O  Ł  S
A  Q  O  K  N  R  A  E  C  Y  G  W  D  W  R
T  O  N  R  L  K  D  W  C  S  F  E  B  C  Y
E  M  Ź  B  I  I  Z  K  I  L  T  E  I  W  Ś
N  J  Ó  L  L  E  V  X  N  V  N  C  O  E  R
R  L  P  O  K  Ó  L  N  I  K  W  O  R  X  A
K  U  R  Y  A  Ł  K  Z  S  Y  L  W  U  I  N
D  J  Q  F  T  D  H  N  R  U  N  O  N  I  W
Z  N  A  L  E  Ź  Ć  E  C  L  X  E  L  L  E
R  O  P  C  I  B  Z  D  X  B  Z  M  U  O  R
W  I  E  L  B  Ł  Ą  D  F  C  R  V  I  B  D
U  K  Z  F  O  A  R  I  E  I  F  W  H  G  S
I  I  B  F  K  U  Z  I  Ż  O  Ł  Ą  D  E  K
Ź  R  Ó  D  Ł  O  P  P  O  Ś  W  I  A  T  A
```

ZNALEŹĆ	MĄDROŚĆ
SŁOŃ	POŚWIATA
ODBIORU	WINO
DUPLIKAT	SZKŁA
KOBIETA	ŚWIETLIK
LIDER	ŻOŁĄDEK
BOLI	PIECZENIA
WIELBŁĄD	ŹRÓDŁO
PÓŹNO	OWOCE
DREWNA	OKÓLNIK

Puzzle 94

```
D E M O K R A T Y C Z N Y F Q
G R A T N W N U I L E M E O Y
P D A R A E N Z C Y D E M T H
R R R A C J T Ó B Q A T A E R
Z Ż A K Z Ś Y K L D D O U L V
Y Ą Ć T Y C Ć R Z E S R X C C
J C A A N I T U H A V W A R L
A Y D T I E X S Z B C O X A N
C A A R A V D C T C R P M J B
I V Ł R X I D D V M T P Z R L
E Z K E R O M A J C A L O K G
L W A X P P R Z E R W A N I A
E O Z J I I R O T S I H Y B Z
R E P R E Z E N T O W A Ć C H
```

NACZYNIA	FOTEL
DRŻĄCY	KÓZ
HISTORII	WEJŚCIE
PODCZAS	PRZERWANIA
TRAKTAT	MEDYCZNE
DEMOKRATYCZNY	CZUĆ
POWROTEM	ZAKŁADAĆ
LAMPART	PRZYJACIELE
REPREZENTOWAĆ	AMOREK
GRA	KOLACJA

Puzzle 95

```
R F D H G G P Y U C Z E Ń Y O
F O D N I P Z Ł Y Y S J Z W B
A U Z S N Ł E O S Y T P E R S
K A F W E R C S U S K H Z I Ł
A U I Ć I C Ś E I M U O D N U
D O S A M Ą K W W F D Q J C G
E A K T O R Z H K K O T N Y I
M W E S J D R A I Z R U M D W
I G L O A E X E N U P T R E A
C A P D N S W N R I H A Ó N Ć
K Z M U Z E U M N D E J W T G
I A O X A R E T U P M O K V L
E K K G Z S K R O M N Ą Ę U Q
Z M A R T W I E N I E M U E Y
```

PRODUKT	OBSŁUGIWAĆ
ROZWIĄZANIE	AKADEMICKIE
MRÓWKĘ	UMIEŚCIĆ
MUZEUM	RZODKIEW
SKROMNĄ	INCYDENT
DOSTAĆ	ZMARTWIENIEM
KOMPLEKS	WESOŁY
GAZ	ZAZNAJOMIENI
UCZEŃ	ZŁE
TUTAJ	KOMPUTER

Puzzle 96

```
M Z A K U R Z O N Y G T G B S
K A K Z C A N I P S W B Z P Z
A J R Z A S I Ę G D O B R Y K
L S U K Z A W S Z E A D P N O
A R O O E K V B U L H M R A L
F E F R A R R F V K I X O D E
I W D O M I N U J Ą C Ą S U N
O Y E V R D A J Ś X T Q Z I I
R K I S O D H P A X P P Ę I E
Q D A S F T I K N U R E I K K
E H S S H E U L Y V H W F W L
P S Ł O W N I C T W O K G U U
U N R S A N D C A S T L E M C
S D Y Q I G U A G V D D J V Z
```

KIERUNKI
DOBRY
MARKER
ZAWSZE
WSPINACZKA
KALAFIOR
ŚPIEW
WERSJA
SŁOWNICTWO
FORMA

SZKOLENIE
MAD
ZAKURZONY
KLUCZ
UDANY
PROSZĘ
ROK
ZASIĘG
SANDCASTLE
DOMINUJĄCĄ

Puzzle 97

```
P R Z E C H W Y T U J Ą C Y U
O Ł Ó W E K O N H D A I Z R S
P O P O Ł U D N I E E K Ł Ó L
O F I C J A L N Y R T T O T O
S R O D Z I N Y P I Y E Ż K P
N K B T F M F I N Ś R L O E R
O D O F G T E D O M K L N D Ó
L I O R Z Ć E Y I I O V Y A C
O V V I Z I K T G E P F N P Z
O N M A W Y E P E C J G L Y B
M L H O X K S D R H D K O Z H
T F P D M M A T I F B O P R A
O D I H Y N I M A T I W L P W
O O D D E I K D O Ł S I O R Y
```

OBFITA
PRZECHWYTUJĄCY
KTÓRY
ZŁOŻONY
PRZYPADEK
TELL
SKORZYSTAŁ
POLNY
OPRÓCZ
OŁÓWEK

OFICJALNY
CIERPIEĆ
ODPOWIEDNI
WITAMINY
SŁODKIE
ŚMIECH
POKRYTE
RODZINY
REGION
POPOŁUDNIE

Puzzle 98

```
W  Z  M  W  L  A  J  C  K  E  L  O  K  R  P
H  X  A  Y  F  J  L  Z  N  U  G  H  M  A  O
W  W  P  Ł  H  C  I  T  A  G  Y  R  Ł  D  Z
Ł  Ó  W  A  B  K  S  E  J  J  N  R  Y  I  W
O  S  V  N  C  U  T  R  E  S  Z  Y  N  O  O
C  S  A  I  H  D  O  D  V  E  C  A  I  W  L
H  Q  K  A  S  O  N  Z  K  V  Y  S  K  Y  E
O  K  T  J  J  R  O  I  V  F  Z  X  O  O  N
Q  Z  E  Ą  C  P  S  E  A  F  U  H  T  X  I
R  L  R  G  J  O  Z  Ś  Q  L  M  T  A  C  E
Q  B  A  W  O  T  I  C  P  Q  F  K  Z  Y  W
O  B  L  I  C  Z  C  I  L  P  S  I  M  F  L
B  U  A  S  O  P  U  X  Q  A  D  O  Ś  Ć  F
B  V  G  P  X  N  I  F  L  E  D  Z  G  B  P
```

KOLEKCJA	RZEKI
RADIOWY	PRODUKCJA
DELFIN	WYŁANIAJĄ
DOŚĆ	LASKA
MŁYN	SER
LISTONOSZ	TOP
OBLICZ	CZTERDZIEŚCI
ZATOKI	GALARETKA
MUZYCZNY	BAWÓŁ
OKAZJA	POZWOLENIE

Puzzle 99

```
I  J  C  Z  A  R  N  A  I  K  S  P  E  P  Q
B  Y  Ł  Y  M  T  R  H  F  I  Z  O  L  S  V
U  R  K  A  N  G  U  R  X  A  C  W  E  Y  W
H  H  X  K  D  Ś  F  E  S  W  Z  I  K  C  D
R  O  O  T  T  K  T  E  Y  L  E  E  T  H  O
N  D  E  A  T  Y  L  C  H  E  G  T  R  I  O
V  Ę  W  A  P  Ł  Y  W  A  K  Ó  R  Y  C  K
S  K  D  J  I  A  N  O  N  C  L  Z  C  Z  O
A  J  W  Z  K  N  O  S  Ż  N  N  A  Z  N  Ł
B  N  K  Y  A  O  L  F  A  D  I  Y  N  E  A
A  A  I  C  B  K  A  C  W  E  E  L  Y  G  P
Ż  N  Z  E  X  S  B  F  O  Y  U  P  B  O  W
J  N  T  D  G  O  L  A  P  C  C  R  V  O  C
C  O  Ś  U  V  D  C  Z  Y  T  A  N  I  E  G
```

POWIETRZA	COŚ
GOBLIN	POWAŻNA
ŻABA	PSYCHICZNEGO
BALONY	KANGUR
OWCE	DOOKOŁA
CZYTANIE	DOSKONAŁY
NĘDZA	HUŚTAWKA
CZARNA	DECYZJA
ELEKTRYCZNY	SZCZEGÓLNIE
BYŁY	PŁYWAK

Puzzle 100

```
P  I  N  T  E  L  I  G  E  N  T  N  E  H  P
O  O  P  S  Z  E  N  I  C  Y  W  Y  L  M  R
B  P  P  S  G  L  K  O  B  O  A  U  O  R  Z
S  Ł  U  U  V  U  Q  U  Ć  C  Z  F  D  R  E
E  A  G  I  L  A  T  I  B  Z  L  T  K  J  Ż
R  S  K  K  Y  A  C  K  N  R  J  Q  C  A  Y
W  K  Z  S  Q  Ę  R  N  G  T  Ó  R  K  S  Ć
O  I  F  Ą  I  X  W  N  K  Ą  X  K  T  H  F
W  E  X  W  X  I  G  J  E  N  A  Z  Ą  I  W
A  R  Ś  R  Z  E  C  Z  Y  W  I  Ś  C  I  E
Ć  O  G  D  Z  I  E  Ś  M  E  R  K  Q  X  L
P  B  V  C  N  E  I  N  E  Z  S  O  N  Z  W
W  P  R  O  W  A  D  Z  A  J  Ą  C  I  I  B
A  L  T  E  R  N  A  T  Y  W  N  E  N  K  A
```

WZNOSZENIE	PŁASKIE
DOLE	POŚWIĘCIĆ
RZECZYWIŚCIE	ALTERNATYWNE
WIĄZANEJ	INTELIGENTNE
WĄSKI	OBSERWOWAĆ
BUTA	ZEWNĄTRZ
PSZENICY	PRZEŻYĆ
WPROWADZAJĄ	GDZIEŚ
KREM	OBOK
POPULARNE	SKRÓT

Puzzle 1

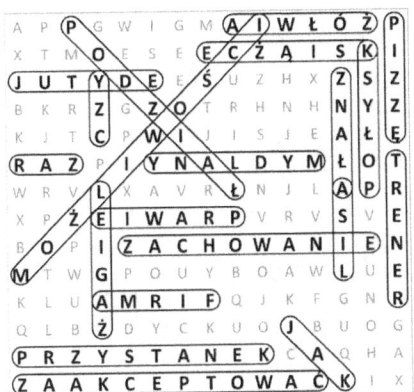

Puzzle 2

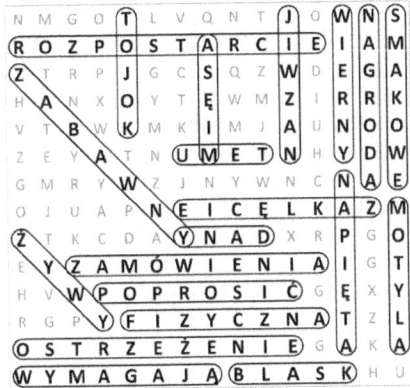

Puzzle 3

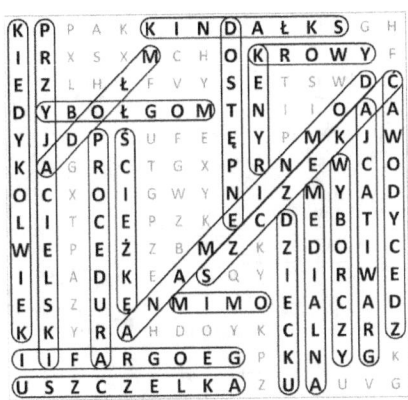

Puzzle 4

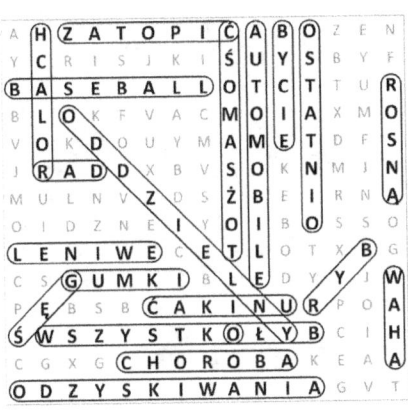

Puzzle 5

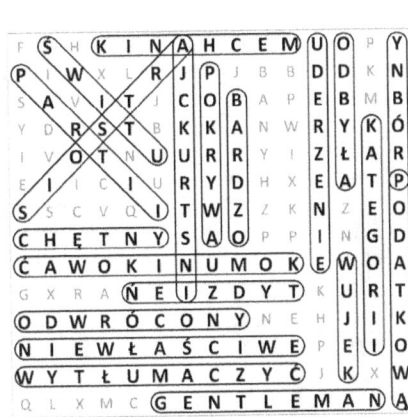

Puzzle 6

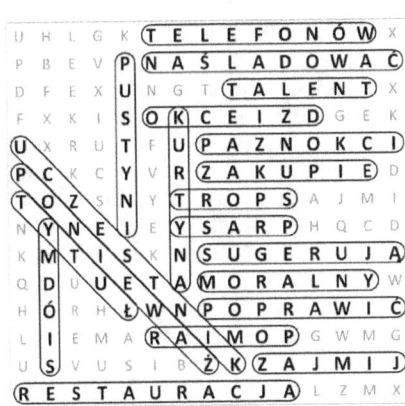

Puzzle 7

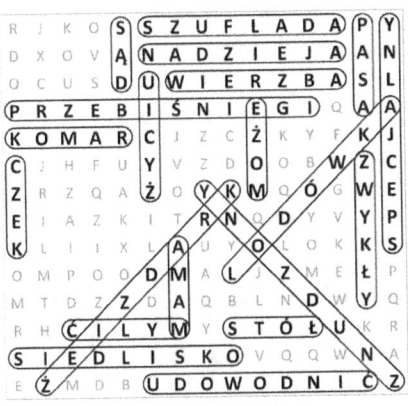

Puzzle 8

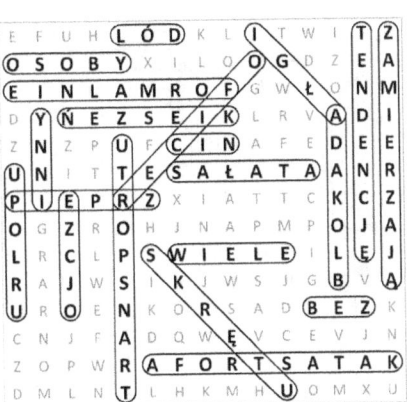

Puzzle 9

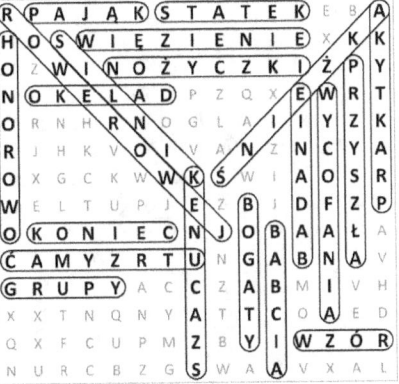

Puzzle 10

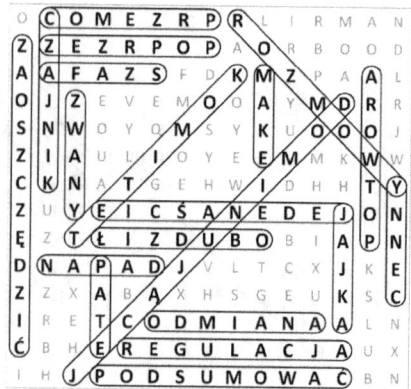

Puzzle 11

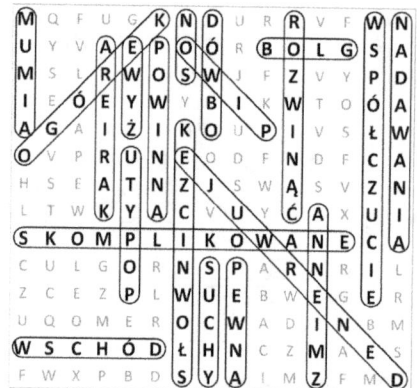

Puzzle 12

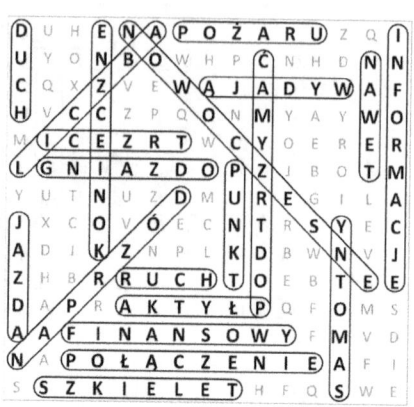

Puzzle 13

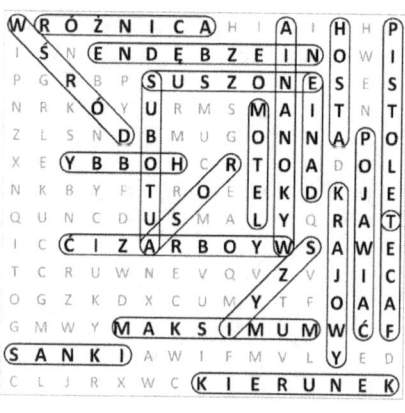

Puzzle 14

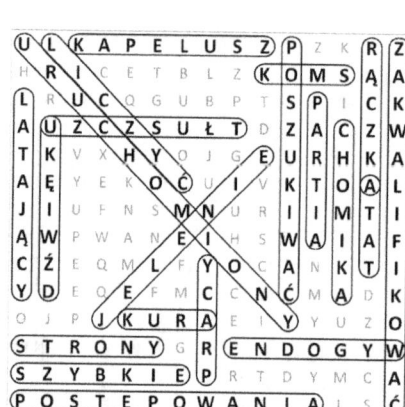

Puzzle 15

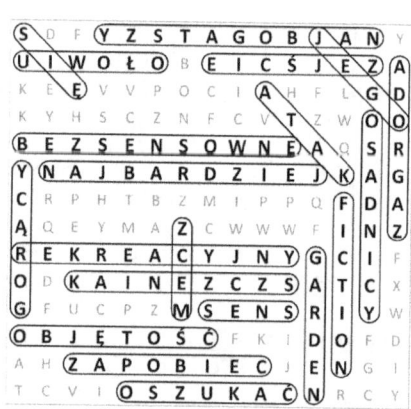

Puzzle 16

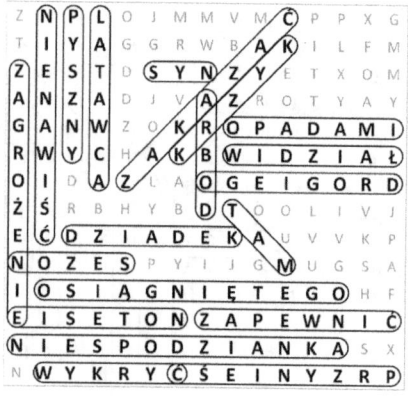

Puzzle 17

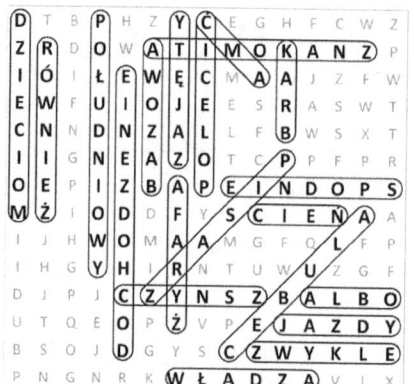

Puzzle 18

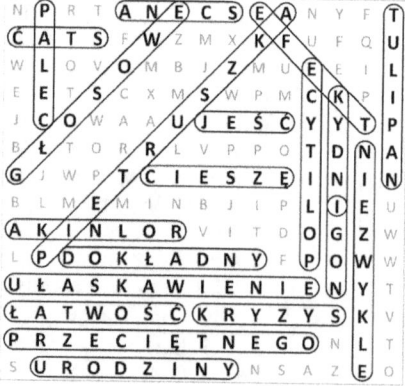

Puzzle 19

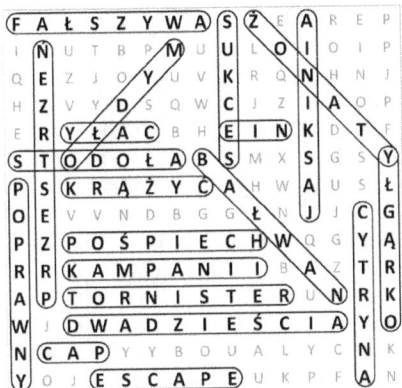

Puzzle 20

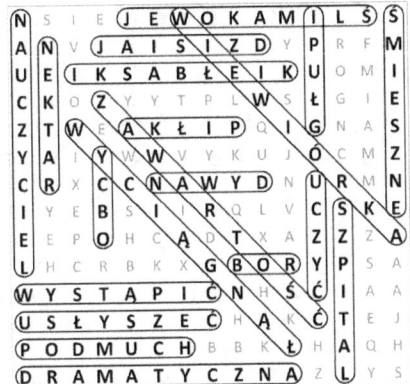

Puzzle 21

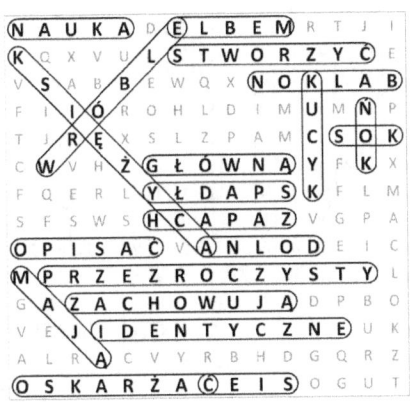

Puzzle 22

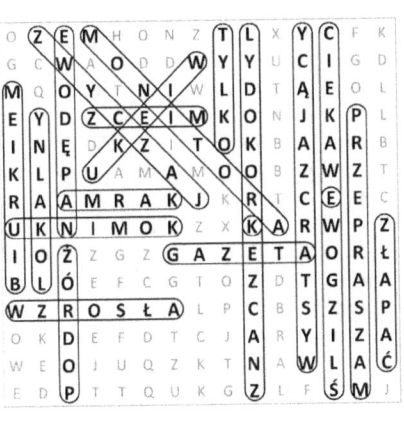

Puzzle 23

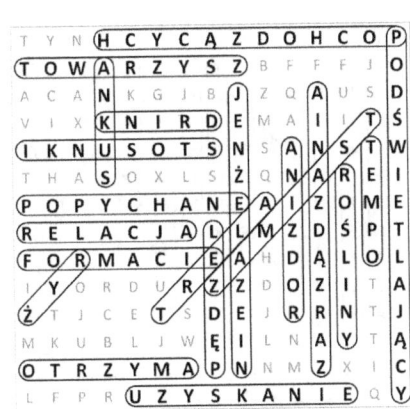

Puzzle 24

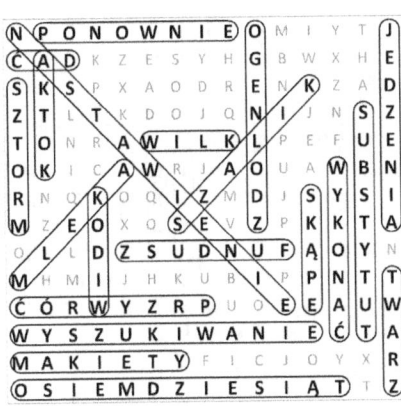

Puzzle 25

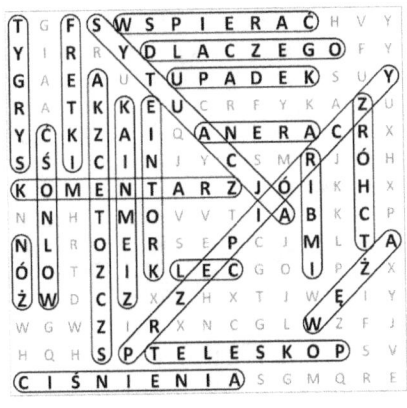

Puzzle 26

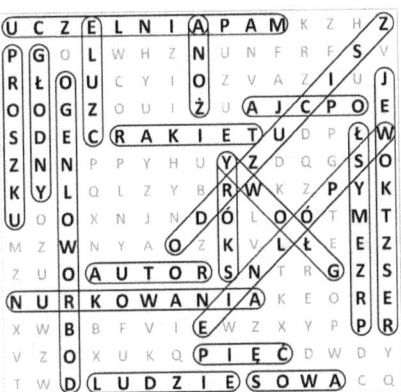

Puzzle 27

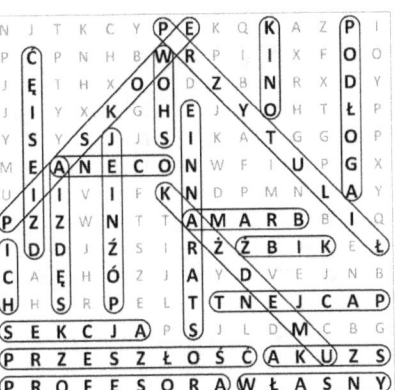

Puzzle 28

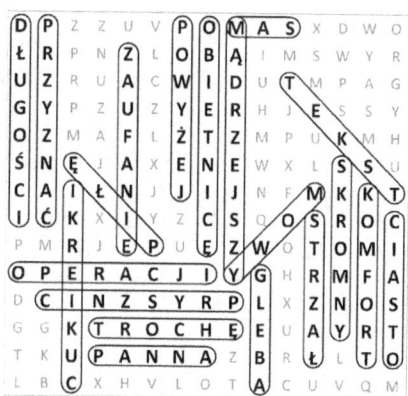

Puzzle 29

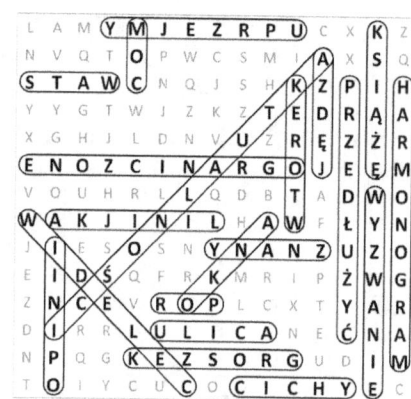

Puzzle 30

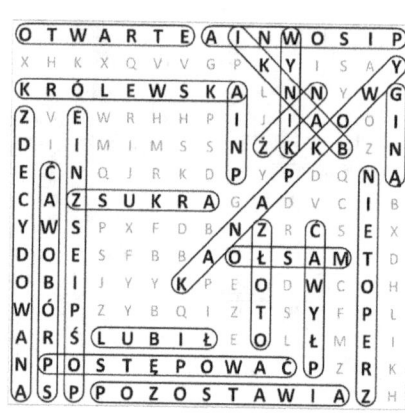

Puzzle 31

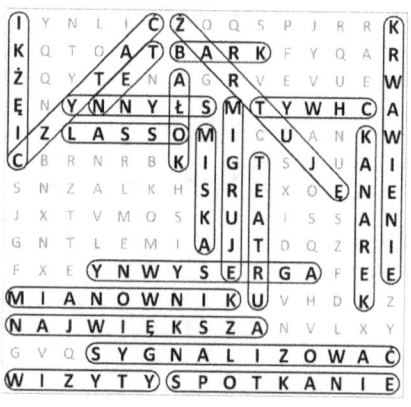

Puzzle 32

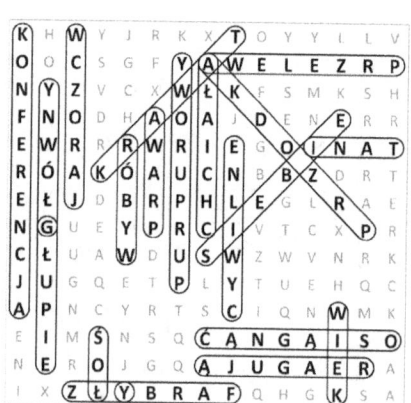

Puzzle 33

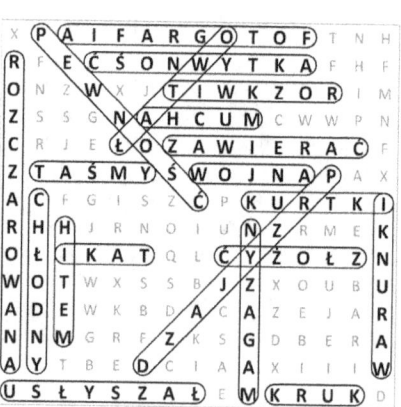

Puzzle 34

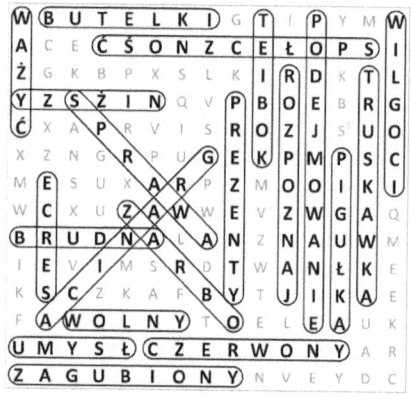

Puzzle 35

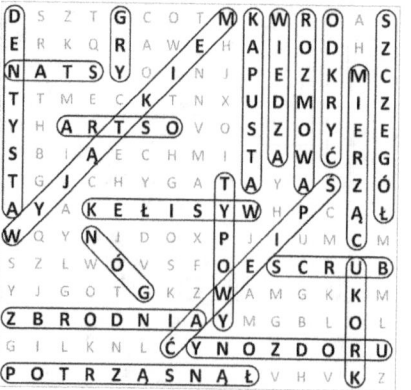

Puzzle 36

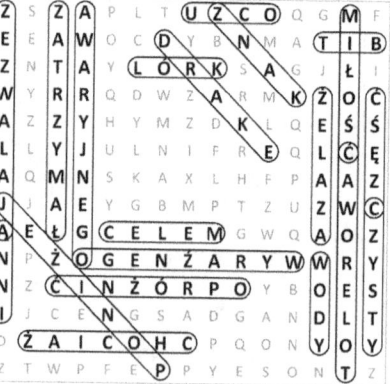

Puzzle 37

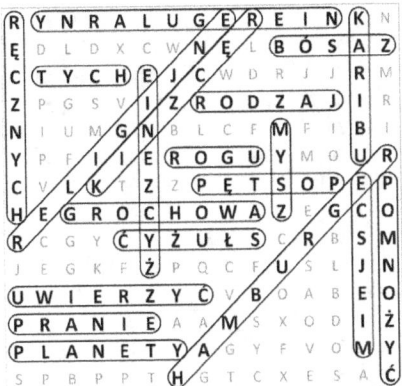

Puzzle 38

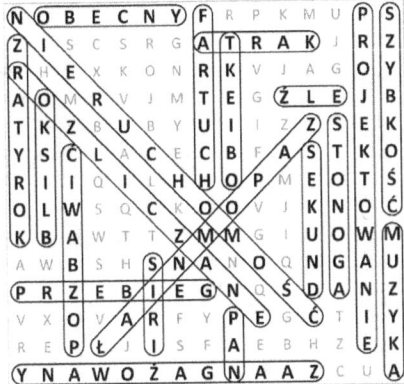

Puzzle 39

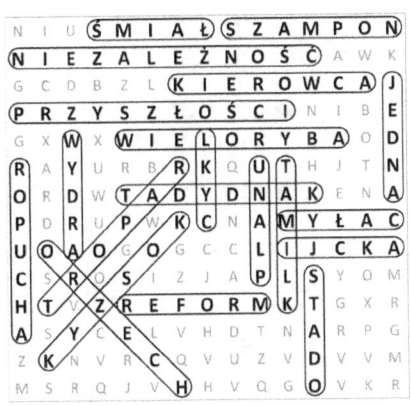

Puzzle 40

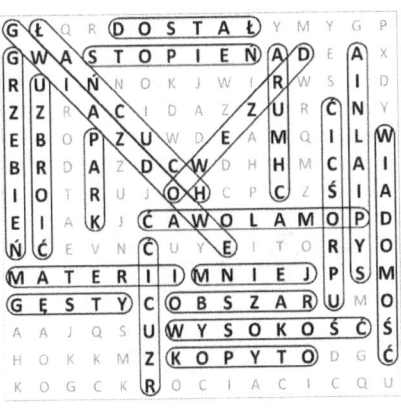

Puzzle 41

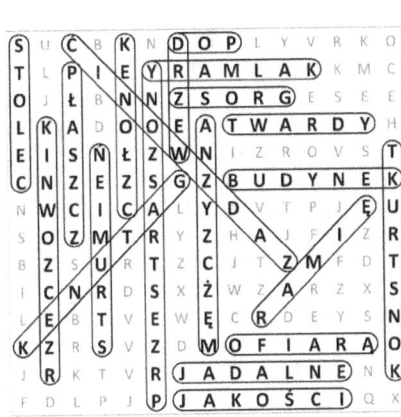

Puzzle 42

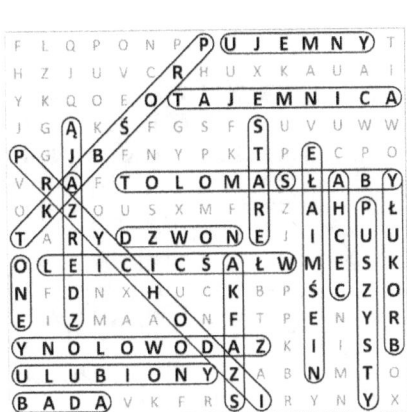

Puzzle 43

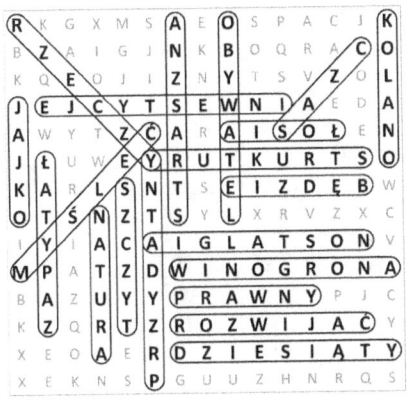

Puzzle 44

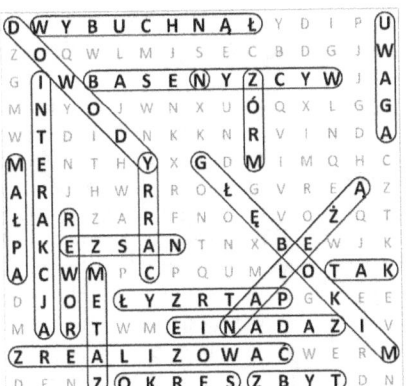

Puzzle 45

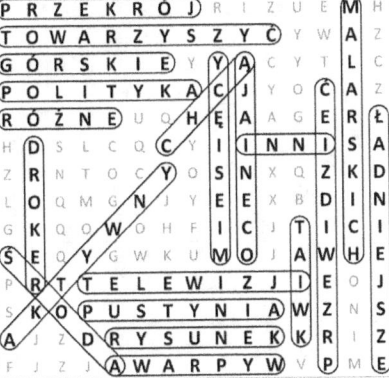

Puzzle 46

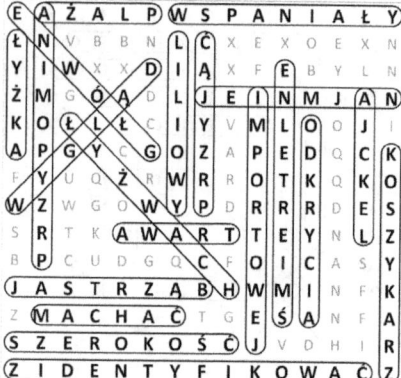

Puzzle 47

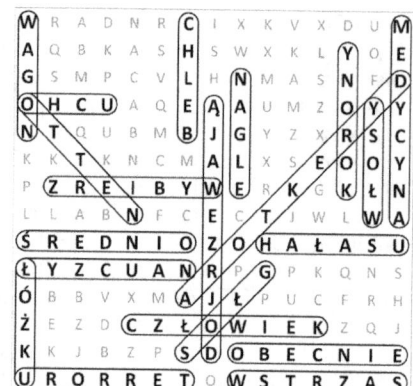

Puzzle 48

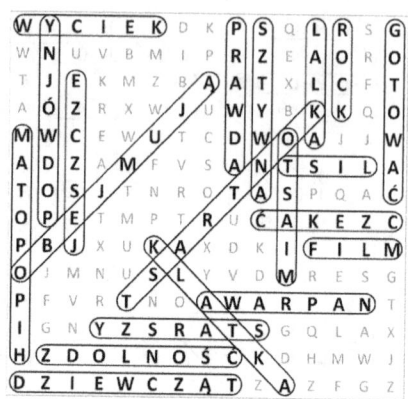

Puzzle 49

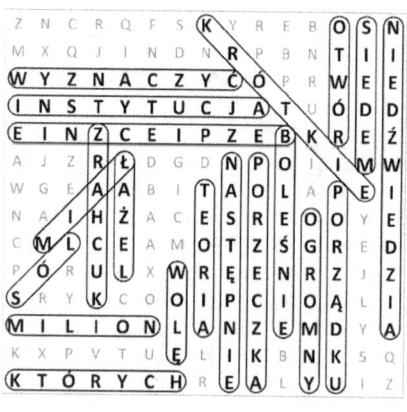

Puzzle 50

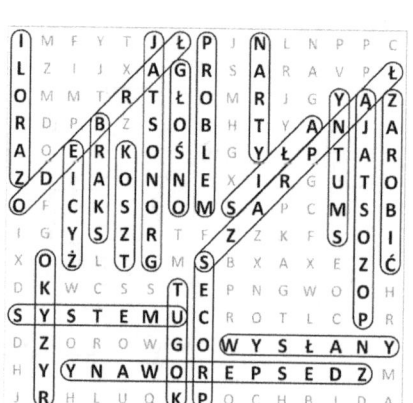

Puzzle 51

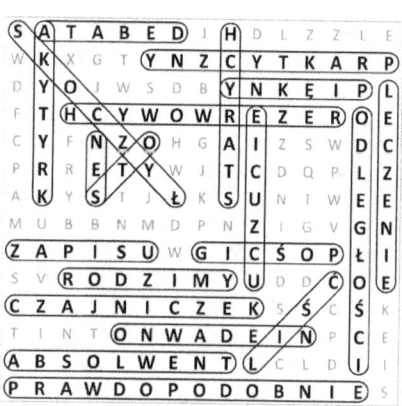

Puzzle 52

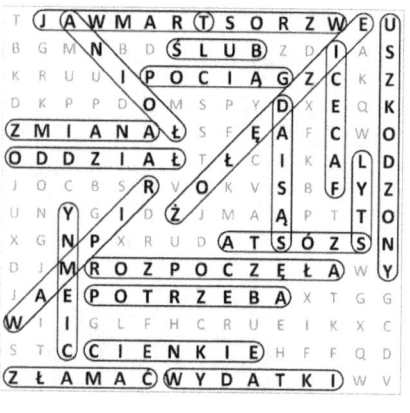

Puzzle 53

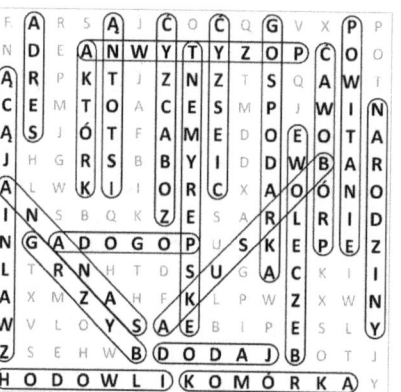

Puzzle 54

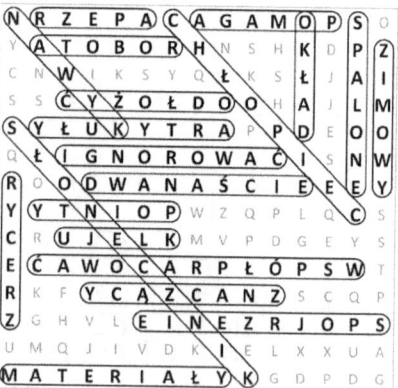

Puzzle 55

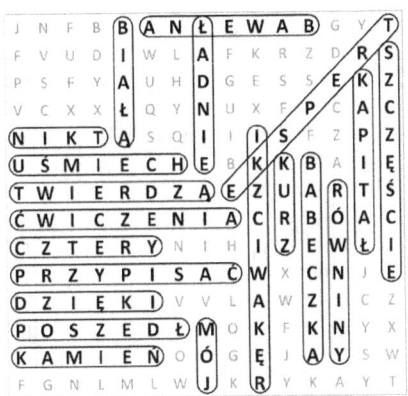

Puzzle 56

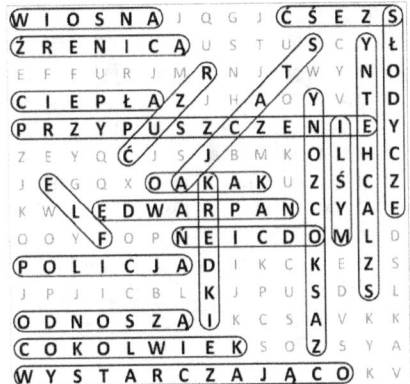

Puzzle 57

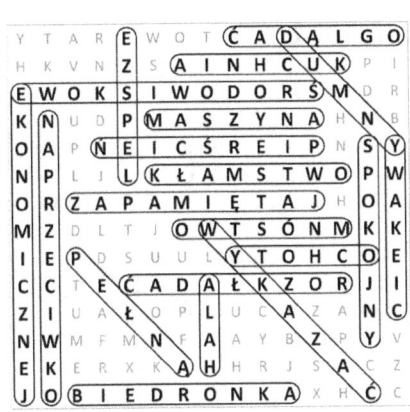

Puzzle 58

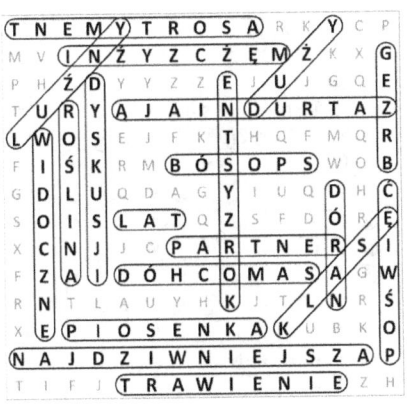

Puzzle 59

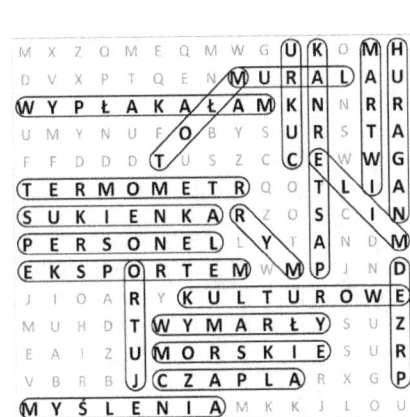

Puzzle 60

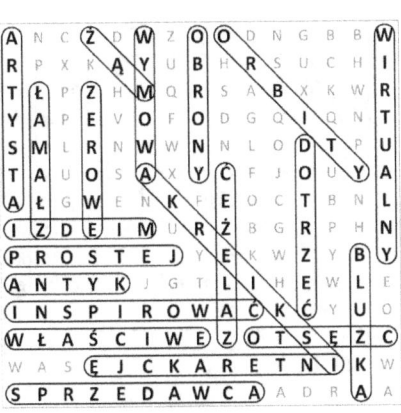

Puzzle 61

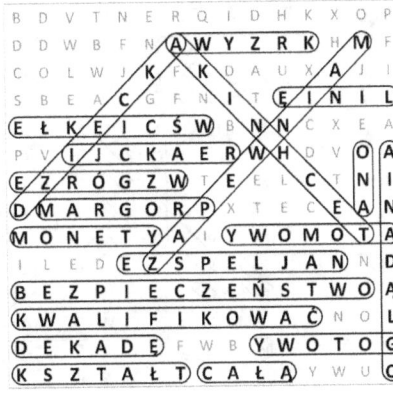

Puzzle 62

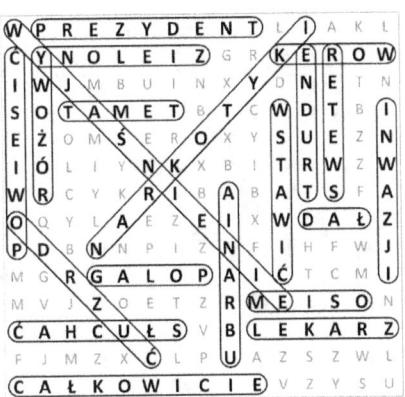

Puzzle 63

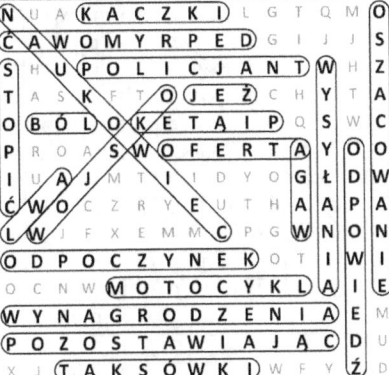

Puzzle 64

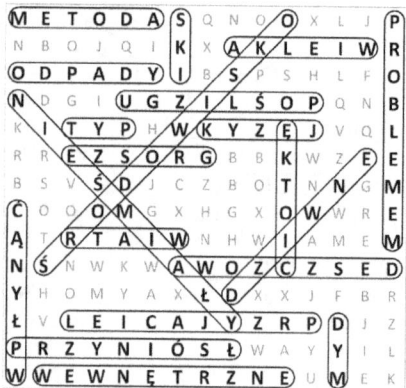

Puzzle 65

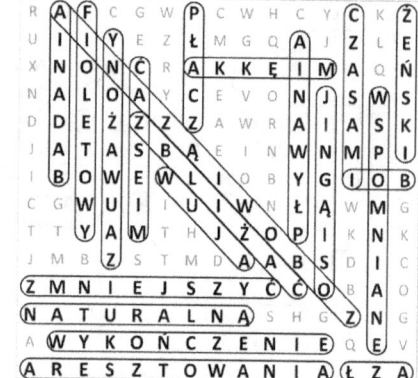

Puzzle 66

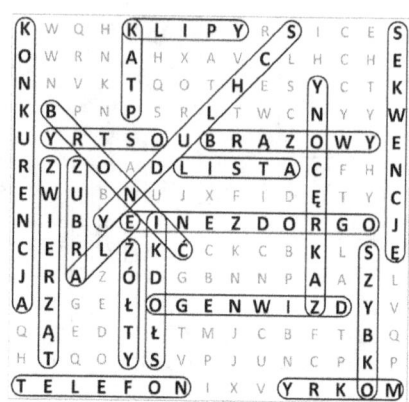

Puzzle 67

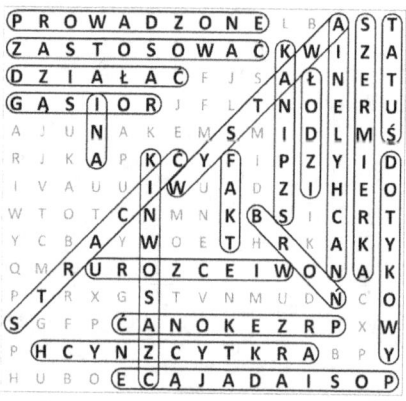

Puzzle 68

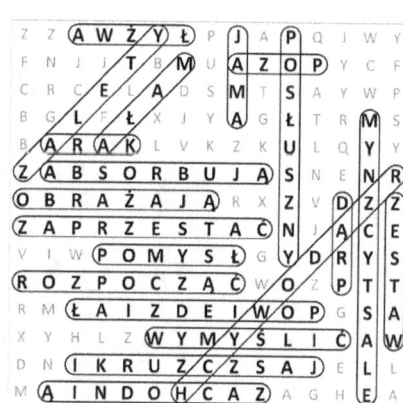

Puzzle 69

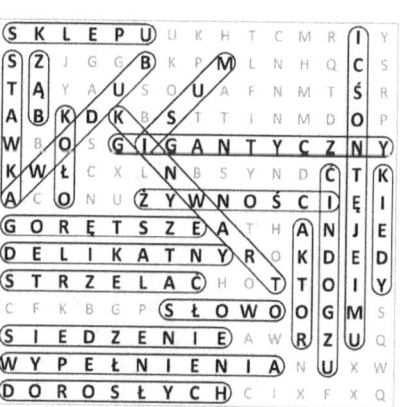

Puzzle 70

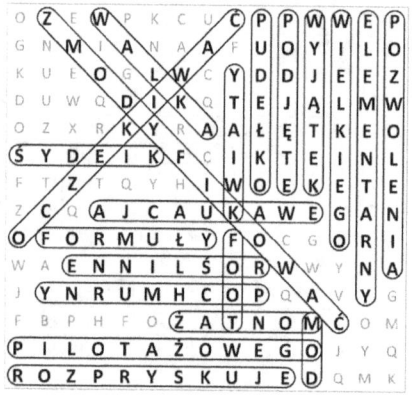

Puzzle 71

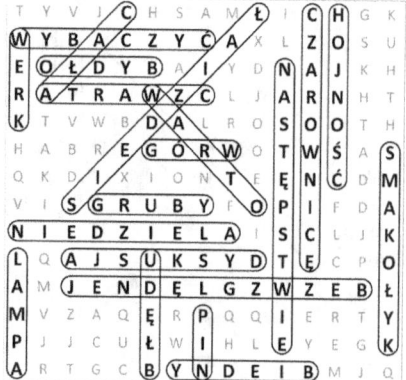

Puzzle 72

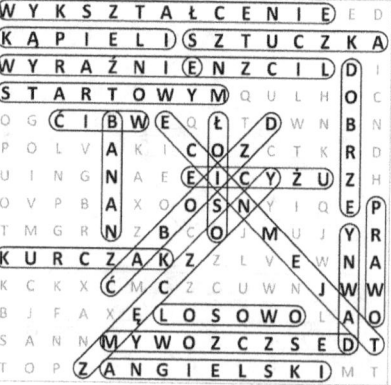

Puzzle 73

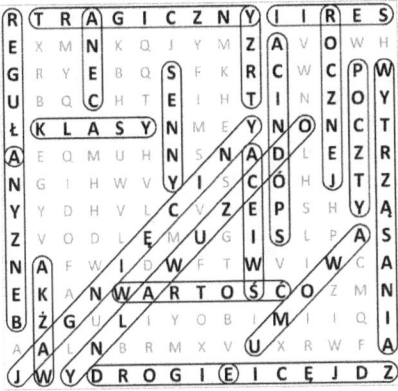

Puzzle 74

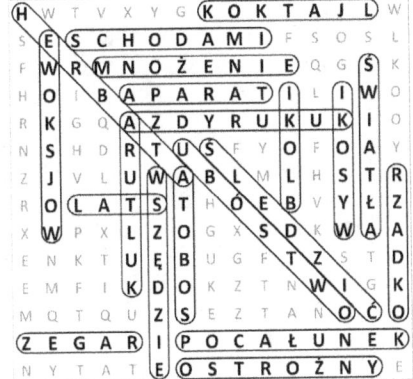

Puzzle 75

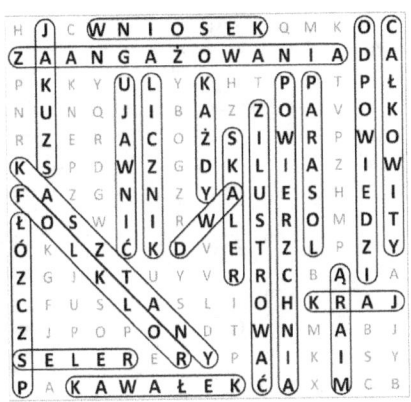

Puzzle 76

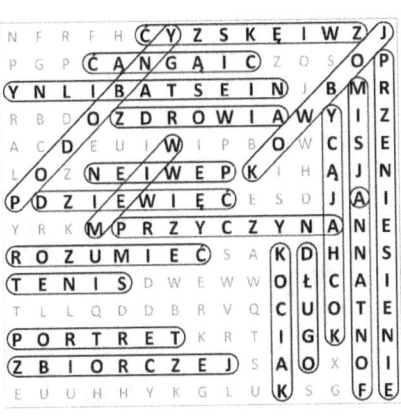

Puzzle 77

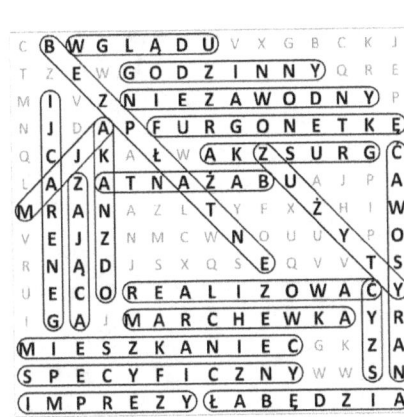

Puzzle 78

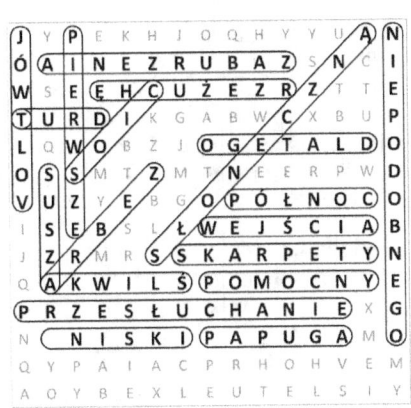

Puzzle 79

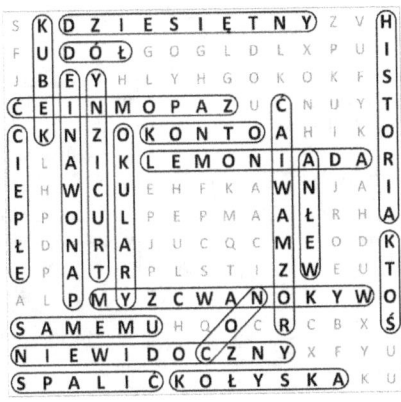

Puzzle 80

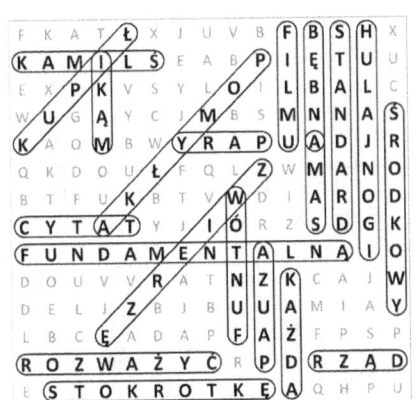

Puzzle 81

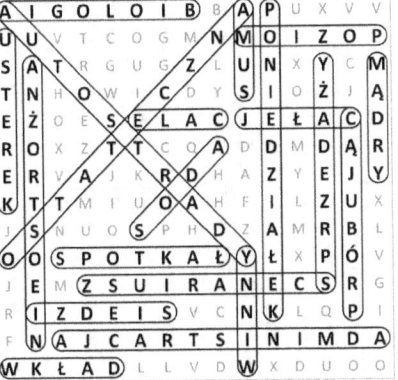

Puzzle 82

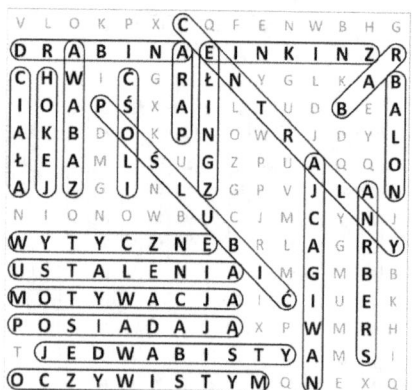

Puzzle 83

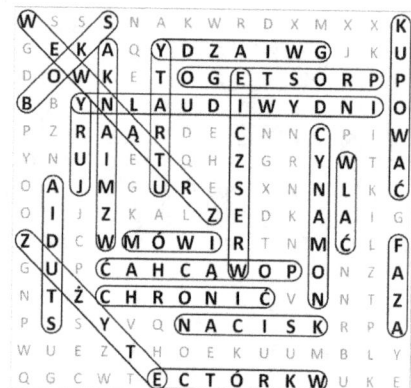

Puzzle 84

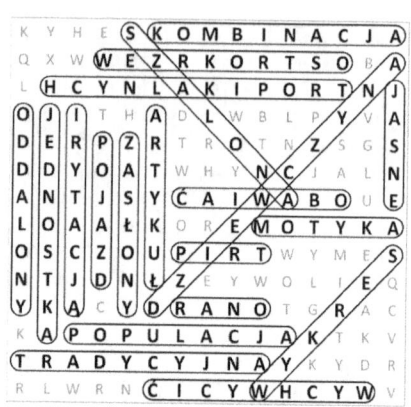

Puzzle 85

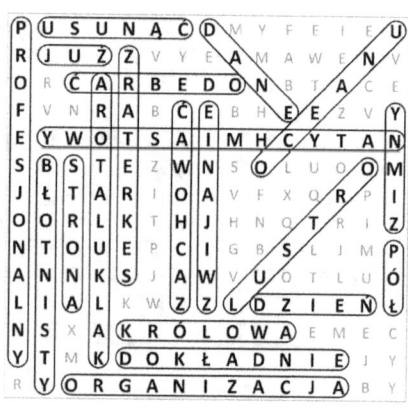

Puzzle 86

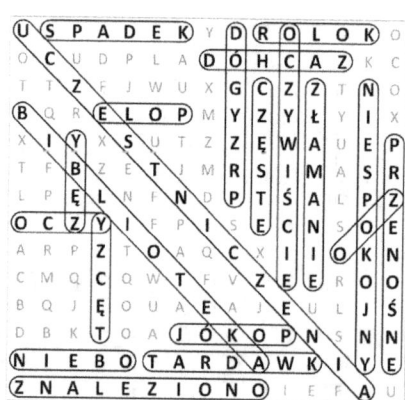

Puzzle 87

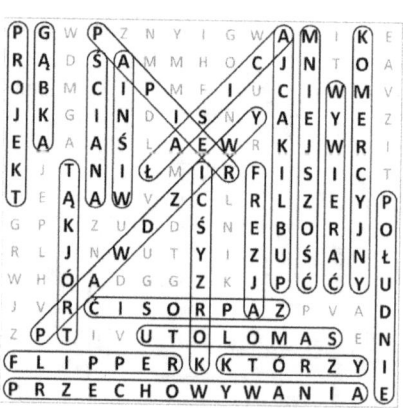

Puzzle 88

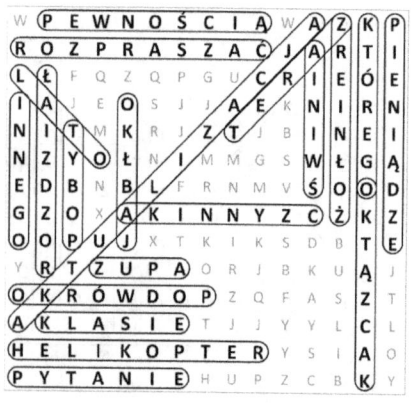

Puzzle 89

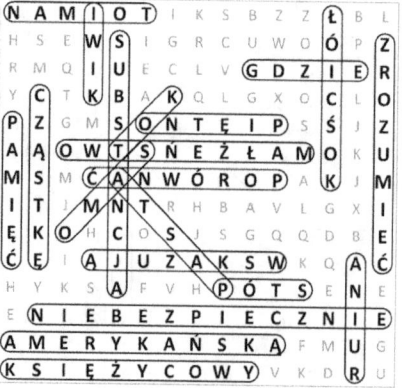

Puzzle 90

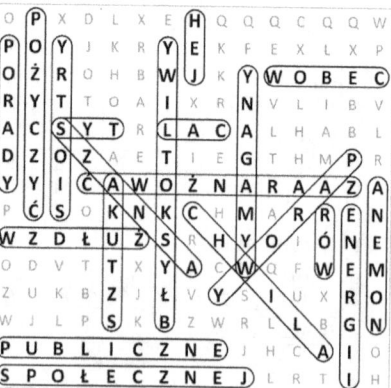

Puzzle 91

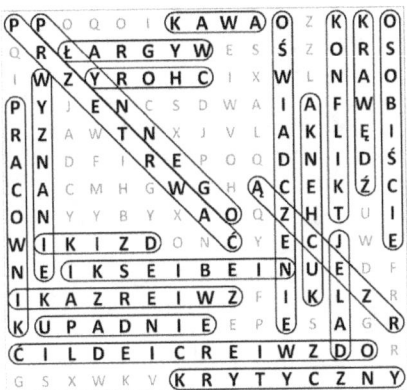

Puzzle 92

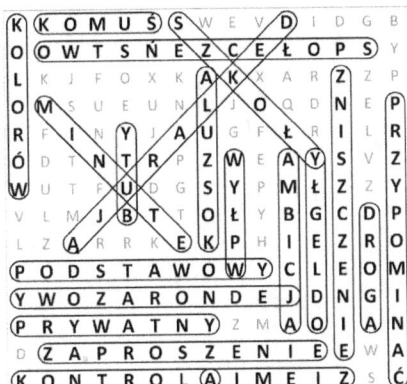

Puzzle 93

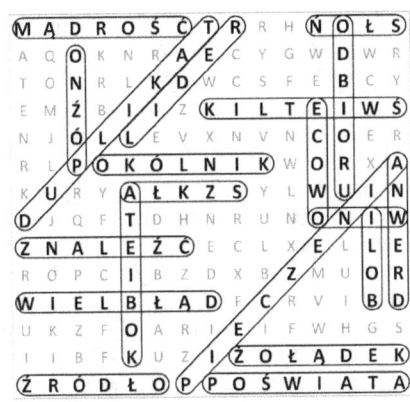

Puzzle 94

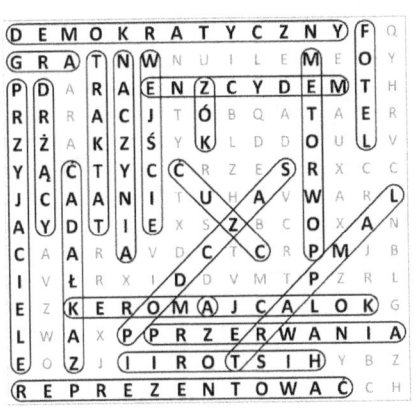

Puzzle 95

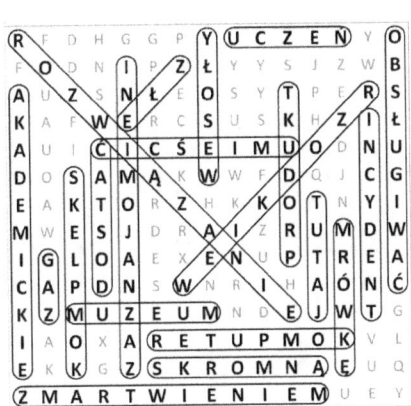

Puzzle 96

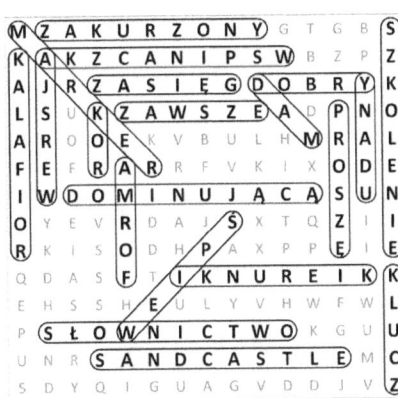

Puzzle 97

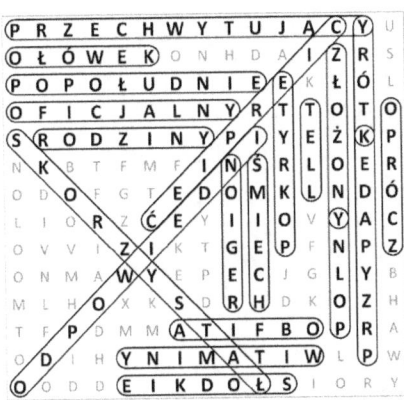

Puzzle 98

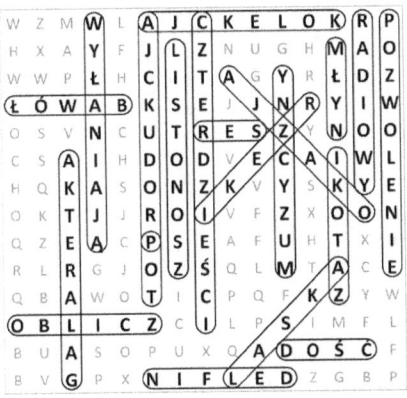

Puzzle 99

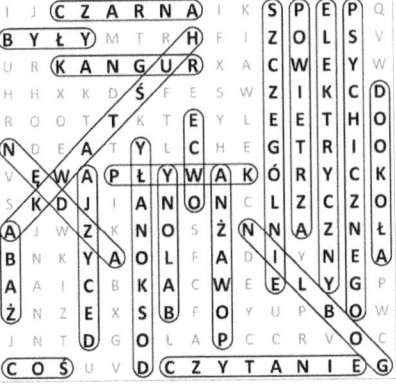

Puzzle 100

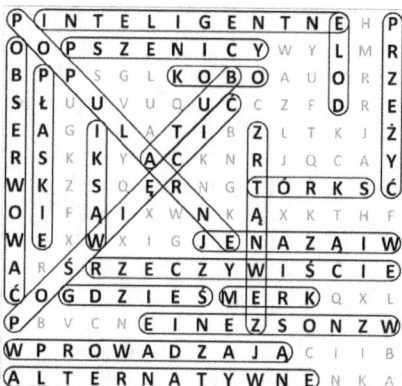

Congratulations

You made it!

We hope you enjoyed this book as much as we enjoyed making it. We do our best to make high quality games.

These puzzles are designed in a clever way to actively spark the brain and make it sharp and quick!
Did you love them?

A Simple Request

Our books exist thanks to the reviews you post on Amazon. Could you help us by leaving a review now?

Here is a short link which will take you to your Amazon orders review page.

BestBooksActivity.com/Review50

MONSTER CHALLENGE!

Challenge #1

Ready for Your Bonus Game? We use them all the time but they are not so easy to find. Here are **Synonyms**!

Note 5 words you discovered in each of the Puzzles noted below (#21, #36, #76) and try to find 2 synonyms for each word.

Note 5 Words from *Puzzle 21*

Words	Synonym 1	Synonym 2

Note 5 Words from *Puzzle 36*

Words	Synonym 1	Synonym 2

Note 5 Words from *Puzzle 76*

Words	Synonym 1	Synonym 2

Challenge #2

Now that you are warmed-up, note 5 words you discovered in each Puzzle noted below (#9, #17, #25) and try to find 2 antonyms for each word. How many lines can you do in 20 minutes?

Note 5 Words from **Puzzle 9**

Words	Antonym 1	Antonym 2

Note 5 Words from **Puzzle 17**

Words	Antonym 1	Antonym 2

Note 5 Words from **Puzzle 25**

Words	Antonym 1	Antonym 2

Challenge #3

Wonderful, this monster challenge is nothing to you!

Ready for the last one? Choose your 10 favorite words discovered in any of the Puzzles and note them below.

1.	6.
2.	7.
3.	8.
4.	9.
5.	10.

Now, using these words and within a maximum of six sentences, your challenge is to compose a text about a person, animal or place that you love!

Tip: You can use the last blank page of this book as a draft!

Your Writing:

Explore a Unique Store
Set Up **FOR YOU!**

MEGA DEALS

BestActivityBooks.com/**TheStore**

Designed for **Entertainment**!

Light Up Your Brain With Unique **Gift Ideas**.

Access **Surprising** And **Essential Supplies!**

CHECK OUT OUR MONTHLY SELECTION NOW!

- Expertly Crafted Products -

NOTEBOOK:

SEE YOU SOON!

Delta Classics Team